학력 프리미엄

김태훈

4

도서출판 해남

학력 프리미엄

초판1쇄 인쇄 2023년 3월 27일
초판1쇄 발행 2023년 3월 31일

저 자 김태훈
발행인 노현철
발행처 도서출판 해남

출판등록 1995. 5. 10 제 1-1885호
주 소 서울특별시 마포구 마포대로8길 9 영명빌딩 405호
전 화 739-4822 **팩스** 720-4823
이 메 일 haenamin30@naver.com
홈페이지 www.hpub.co.kr

ISBN 978-89-6238-804-6 93320

이 저서는 2021년 대한민국 교육부와 한국학중앙연구원(한국학진흥사업단)을 통해 K학술확산 연구소사업의 지원을 받아 수행된 연구임(AKS-2021-KDA-1250002).

머리말

이 책은 한국에서 학력 프리미엄, 특히 4년제 대학교 교육을 받은 근로자가 대학교 교육을 받지 못한 근로자보다 얼마나 더 높은 임금을 받는지 분석한 결과를 소개한다. 또한 이러한 학력 프리미엄이 지난 40여 년 동안 어떻게 변화해 왔으며, 어떤 요인들이 이러한 변화를 만들어 왔는지 설명한다.

지역별 고용조사라는 자료의 2022년 상반기 통계를 살펴보면, 우리나라에서 만 20세 인구 중 4년제 대학교에 진학한 적이 있다고 응답한 사람의 비율은 63.1%이며, 전문대학에 진학한 적이 있다고 응답한 사람의 비율은 18.8%이다. 특히 4년제 대학교 진학률은 세계에서 가장 높은 수준이다. 70여 년 전에 태어난 사람들의 대학 진학률은 10%가 채 되지 않았다. 우리 사회에서는 이러한 거대한 변화를 당연하게 여기지만 사실 이는 당연하지 않다. 저자가 미국 대학에서 대학원생으로서 세미나 발표를 하면서 한국에서의 대학 진학률의 변천을 그래프로 보여 준 적이 있었는데, 그때 외국인 교수·학생들이 깜짝 놀라던 모습을 아직도 잊지 못한다. 박사 과정을 하면서 한국에서 대학 진학률의 폭발적 증가의 원인이 무엇이며, 그것의 경제적 영향이 무엇인지 경제학 모형으로 분석해야겠다고 마음먹었다. 이는 학력 프리미엄의 측정과 그 시간적 변화 및 변화의 원인에 대한 분석과 관련되어 있다.

이 책은 인과 효과를 추정하는 경제학 실증 분석 방법론을 사용하여 대학 교육의 인과적인 효과를 분석한 결과를 소개한다는 점에서 학력 프리미엄을 다루는 다른 책들과 차별화된다. 우리는 학교 성적이나 대학 입학 시험에서의 성적이 좋은 학생들이 대학에 더 많이 진학하거나, 또는 더 좋은 대학에 입학하는 경향이 있다는 것을 알고 있다. 이때 대학교 졸업자가 비졸업자에 비해 높은 임금을 받는다면, 이것이 대학 교육 때문인지 아니면 대학에 입학해서 졸업하는 사람들이 그렇지 않은 사람들에 비해 대학교에 입학하기 전부터 이미 더 많은 지식과 능력을 가지고 있었기 때문인지 알기 어렵다. 즉, 학력 수준과 임금이 양의 상관관계를 갖는다는 사실이

인과적인 의미에서 대학 교육을 받으면 임금이 상승한다는 것을 의미하지는 않는다. 그러나 다행히도 경제학에서는 인과적인 효과를 추정하기 위한 방법들이 크게 발전하였고, 경제학 실증 연구에서는 인과관계 분석이 핵심 중 하나로 자리잡았다. 2021년에 노동경제학 발전과 인과관계 분석을 통한 경제학 방법론 발전에 기여한 세 명의 경제학자들에게 노벨 경제학상이 수여된 것이 이를 입증한다. 이 책에서는 이러한 인과관계 분석 방법을 통해 학력 프리미엄을 분석한 국내외 연구 결과들을 소개한다. 이를 통해 독자들은 인과관계 추정을 위해 경제학자들이 어떻게 문제에 접근하는지 이해할 수 있게 될 것이다.

책의 핵심적인 결론은 다음과 같다. 한국에서 대학 교육의 수익은 비용보다 훨씬 높은 수준이어서 대학 진학 선택은 합리적 성격을 갖고 있었다. 대학 교육의 확대는 학력 프리미엄을 낮추고 임금 불평등을 완화하는 데 기여하였으며, 보다 많은 사람들에게 더 나은 경제적 기회를 제공하고 그들의 삶의 질을 향상시켜 왔던 것으로 판단된다. 대졸 근로자의 증가로 최근에는 학력 프리미엄이 과거에 비해 크게 낮아졌지만 여전히 대학 교육을 통해 얻을 수 있는 수익은 대학 교육을 받는데 드는 비용보다 훨씬 크다.

물론 이러한 사실들이 대학 교육이 능사라는 것을 의미하지는 않는다. 대학 프리미엄의 꾸준한 감소가 설명해 주듯이 대학 교육의 가치는 낮아지는 추세이며, 특히 청년의 60% 이상이 4년제 대학교에 진학하는 사회에서 대학 졸업은 더 이상 성공의 보증수표가 될 수 없다. 그러나 노동 시장에서 높은 수준의 업무를 하기 위해 필요한 전문적 지식과 소통 능력을 기르고 청년들의 지적인 교류의 장을 제공하는 공간으로서 대학은 미래에도 여전히 중요한 역할을 할 가능성이 높다. 대학 역시 사회의 수요와 시대 변화에 맞게 철저한 쇄신과 혁신을 해야 하고, 이를 통해 미래에도 대학 교육을 학생들에게 가치 있고 의미 있는 것으로 만들어 가야 할 것이다.

이 책에서 소개하는 국내 연구 결과의 상당 부분은 저자의 박사학위 논문의 1장과 3장, 그리고 박사학위 논문을 발전시켜 수정 및 보완하여 학술지에 출판한 논문 및 미출판 논문들에 근거하였다는 점을 밝혀 둔다(Kim 2017; 2019; 2021; 2022). 저자에게 노동

경제학과 실증 분석 방법을 처음 가르쳐 주신 서울대학교 김대일 교수님과 이철희 교수님께 깊은 감사를 드린다. 한국의 학력 프리미엄에 대한 연구 과정에서 많은 중요한 조언들과 제안을 해주신 위스콘신 대학교의 John Kennan 교수님과 Chris Taber 교수님께 깊은 감사를 드린다. 이 책의 초고 수정 과정에서 많은 조언을 주신 서울대학교 조영준 교수님, 고려대학교 김세익 교수님, 경희대학교 김준성 교수님께도 감사드린다. 마지막으로 저자가 연구에 집중할 수 있도록 항상 큰 힘이 되는 아내 신단비와 아들 김도준에게 깊은 감사의 말을 전한다.

2023. 3

김태훈

차례

3 학력 프리미엄의 변화

들어가며

한국에서 1945년 해방 이후 현재까지 사람들의 학력 수준이 매우 빠르게 신장되어 왔다는 것은 잘 알려진 사실이다. 대학 진학률도 빠른 속도로 그리고 꾸준히 증가해 왔다. 국제적으로 비교해도 한국과 같은 대학 진학률의 증가를 경험한 나라는 찾기 어렵다. 2020년 한국의 25~34세 청년인구 중 고등교육• 기관을 졸업한 사람의 비율은 69.8%로 OECD 국가에서 가장 높고, OECD 국가들의 평균인 45.4%와도 큰 격차를 보인다(OECD 2022). 반면에 한국의 55~64세 중장년층의 고등교육 기관 졸업률은 25.1%로 OECD 평균인 29.1%보다 낮다. 이는 OECD 국가들에서 한 세대 동안 고등교육 기관 졸업률이 평균적으로 16.4% 포인트 증가한 반면에 한국에서는 44.7% 포인트가 증가한 것을 의미한다. 즉, 한국은 OECD 국가에서 청년층의 고등교육 기관 졸업률이 가장 높은 국가임과 동시에 지난 수십 년간 고등교육 기관

고등교육: 초등 및 중등 교육 이후에 이루어지는 가장 높은 단계의 교육으로 대학교육(4년제 대학, 전문대학, 교육대학)과 대학원 교육을 총칭한다.

졸업률이 가장 큰 폭으로 증가한 국가이기도 하다.

이처럼 한국은 세계에서 유례를 찾기 어려울 정도로 고등교육을 이수한 인구의 큰 증가가 있었는데, 이러한 거대한 변화가 사람들의 삶과 노동 시장 전반에 어떤 영향을 미쳤는지 분석하는 것은 매우 중요하다. 특히 대학 교육이 사람들의 임금이나 고용 등 노동 시장 성과에 어떤 영향을 미치는지 분석하는 것이 중요하며, 이는 경제학에서도 핵심적인 주제 중 하나이기도 하다. 대졸자는 고졸자에 비해 얼마나 더 높은 임금을 받는가? 대학 교육을 받으면 취업 확률이 상승하고 삶의 질이 개선되는가? 이러한 질문에 대해 답을 하는 것은 80%에 육박하는 학생들이 고등교육 기관에 진학하는 우리 사회에서 그러한 선택이 합리적인 것인지 판단하기 위해 필수적이다. 또한 사회 일각에서는 고등교육이 과잉으로 이루어지고 있다고 비판하거나 대학 진학률이 낮아져야 한다고 주장하는데, 사회적으로 적정한 수준에서 고등교육에 대한 공급이 이루어지고 있는지 혹은 과잉으로 이루어지고 있는지 평가하기 위해서도 대학 교육이 실제로 어떤 결과를 야기하고 있는지, 대학 교육이 비용을 상회하는 이득을 만들어 내고 있는지 데이터를 통해 분석하는 것은 중요한 일이다. 이 책은 학력 프리미엄(the college wage premium),• 즉 대학을 졸업한 사람들이 대학을 졸업하지 않은 사람들에 비해 얼마나 더 높은 경제적·비경제적 성과를 누리는지 데이터를 통해 살펴본다.

그런데 학력 프리미엄은 시간에 따라 변화할 수 있다. 예를 들면, 대학을 나오면 성공이 보장된다고 이야기되던 시대가 있었던 반면 대학을 나와도 할 수 있는 것이 마땅히 없다고 말하는 시대도 존재한다. 학력 프리미엄은 크게 대졸자와 고졸자에 대한 노동 수요, 노동 공급, 그리고 노동 시장 제도에 의해 영향을 받아 결정된다. 노동 시장에서 고졸자보다 대졸자에 대한 수요가 더 크게 늘어나면 대졸자의 임금이 더 크게 상승하는 경향이 있다. 이때는 학력 프리미엄이 증가한다. 반대로 대졸자의 공급이 고졸자보다 더 크게 늘어나면, 즉 대졸자들이 노동 시장에 더 많아지면, 대졸자들의 임금이 더 크게 감소하여 학력 프리미엄이 작아지게 된다. 마지막으로 최저임금 인상이나 노동조합 조직 등 저임금·저학력 근로자들에게 유리한 제도가 형성 또는 강화되면 학력 프리미엄이 감소할 수 있다. 노동경제학

학력 프리미엄: 경제학에서 학력 프리미엄은 학력 수준에 따라 임금이 얼마나 차이가 나는지를 의미한다. 대학 프리미엄은 4년제 대학교 졸업자와 미졸업자의 임금에 얼마나 차이가 있는지를 나타낸다. 예를 들어, 고졸자의 평균적인 임금 수준이 100이라고 하였을 때 대졸자의 평균적인 임금 수준이 150이면 대졸자의 평균 임금이 고졸자보다 50% 높다. 이때 대졸자에 대한 임금 프리미엄, 즉 대학 프리미엄은 50%라고 할 수 있다. 학력 프리미엄은 대학 프리미엄을 포함하여 더 일반적인 것을 지칭하는 것으로, 서로 다른 학력을 가진 사람들의 임금이 얼마나 차이가 나는지를 나타낸다. 이 책에서는 대졸자와 비대졸자의 임금과 다른 중요 변수들의 차이에 주목하고 있기 때문에 학력 프리미엄과 대학 프리미엄 모두 대졸자와 비대졸자의 차이를 의미하는 것으로 사용한다.

에는 수요-공급-제도적 요인들이 어떻게 학력 프리미엄에 영향을 미치는지 잘 설명하는 모형이 있는데, 이 모형을 이용해서 한국의 학력 프리미엄의 변화를 분석한 결과를 이 책에서 소개한다. 단, 수식은 제외하고 최대한 직관적으로 설명하고자 노력하였다.

특히, 한국처럼 세계에서 유례를 찾아보기 힘들 정도로 대학 진학률이 폭발적으로 증가하여 노동 시장에서 대졸자의 공급이 급격하게 증가한 나라에서는 학력 프리미엄에도 큰 변화가 발생하였을 수 있다.

이 책에서는 지난 수십 년 동안 대졸자의 급격한 증가가 노동 시장의 학력 구성에 어떤 변화를 가져왔으며, 이러한 노동 시장의 학력 구성 변화가 학력 프리미엄에는 어떤 영향을 미쳤는지 분석한 결과들을 소개한다.

노동 시장의 학력 구성 변화와 학력 프리미엄의 관계에 대한 분석은 경제학에서 매우 중요한 주제여서 서구에서는 이 주제에 대한 수많은 연구들을 정리 및 검토하는 문고(handbook)들이 여러 차례 출판된 바 있다(Freeman 1986; Katz and Autor 1999; Goldin and Katz 2010; Acemoglu and Autor 2011; Meghir and Rivkin 2011).

임금 구조: 경제학에서는 학력별 임금 격차 혹은 학력 프리미엄 이외에도 성별 임금 격차, 인종별 임금 격차, 직종 및 산업별 임금 격차 등 인구학적 집단별로 임금이 어떻게 다르게 나타나는지에도 관심을 가진다. 이러한 근로자의 인구학적 특성에 따른 임금 차이를 임금 구조라고 한다. 이 책은 대학 교육을 주제로 다루기 때문에 임금 구조 중에서도 학력별 임금 격차에 특별한 관심을 둔다.

노동 시장에 대한 분석과 관련하여 개인과 사회의 경제적 성취 못지않게 우리가 관심을 가지는 것은 경제적 성과를 사회 구성원들이 어떻게 나누어 가지는가, 즉 소득의 분포 혹은 소득 불평등이다. 일반적으로 학력이 상승할수록 임금이 높은 경향이 발견되고, 고소득자 중에서 고학력자들이 높은 비중을 차지하기 때문에 학력 프리미엄의 변화는 임금 불평등이나 소득 불평등의 변화와도 밀접한 관련을 갖는다. 임금 불평등 혹은 임금 구조의 변화에 대한 분석은 경제학의 핵심 주제 중 하나이기 때문에 학력 프리미엄의 변화에 대한 분석 역시 경제학에서 중요한 주제로 자리매김해 왔다. 한국에서 대학 교육이 차지하는 중요성을 고려할 때 다소 늦은 감이 있지만, 이 책에서는 한국 대학 교육의 역사적 변화를 가능한 긴 시계에서 조망하고, 그것이 사람들의 삶과 우리 사회·경제에 미친 영향을 다각적인 차원에서 검토한다.

보다 구체적으로 이 책은 한국의 대학 교육과 관련하여 크게 세 가지 주제를 다룬다. 첫째, 한국의 지난 80년간 대학 진학률의 변화를 살펴보고, 특히 이 변화를 한국의 대학 정원 정책•과 관련하여 이해

대학 정원 정책: 전공계열 및 학과별로 혹은 대학별로 각 대학이 선발할 수 있는 신입생의 수를 정부에서 배정한 입학 정원 이내로 제한하는 정책.

한다. 대학 정원 정책은 한국의 독특한 대학 교육 제도로서 한국의 교육 시스템에서 매우 중요한 역할을 하여 왔는데, 대학 정원 정책의 역사를 살펴보고 이 정책이 파생한 한국의 대학 교육 및 입시의 독특한 현상들을 설명한다. 대학 정원 정책은 우리 사회에서는 당연하게 여기는 교육 제도이지만 국제적으로는 찾아보기 힘든 독특한 제도이다. 대학 정원 정책은 최근에도 학령인구의 변화에 대응한 대학 정원 조정, 반도체 전공 정원 증원 문제 등을 포함하여 고등교육 정책과 관련하여 가장 중요한 현안으로 논의되고 있다.

둘째, 한국에서 학력 프리미엄, 즉 대학 교육이 개인에게 어떤 금전적·비금전적 이득을 가져오는지 데이터를 이용해 실증 분석•한 결과들을 소개한다. 특히 최근의 경제학 분야에서의 데이터 실증 분석의 조류를 반영하여 인과관계 추정을 위한 방법을 이용해서 분석한 결과들을 소개한다.

셋째, 대학 졸업자의 비약적인 증가로 노동 시장에서 근로자들의 학력 수준이 크게 신장되었는데, 이러한 변화가 학력 프리미엄에 미친 영향을 분석한다. 특히 대학 정원 정책을 활용해서 노동 시장의

실증 분석: 데이터를 통계 방법을 이용해서 분석하여 이론의 예측이 현실과 부합하는지 분석하거나, 정책의 효과를 평가하거나, 변수들 간의 관계를 분석하는 것을 의미한다. 반면에 수리적인 모형을 이용해서 경제 현상을 설명하는 것을 이론 분석이라고 한다. 연구 방법의 측면에서 경제학에서의 분석은 크게 이론 분석과 실증 분석으로 구분할 수 있다.

학력 구성의 변화가 학력 프리미엄에 미친 인과적 인 영향을 분석한 결과를 소개한다.

한국에서 지난 60여 년간 대학 진학률의 변화를 자세히 이해하기 위해서 필수적으로 분석해야 하는 제도는 한국의 독특한 대학 교육 공급 정책인 대학 정원 정책이다. 한국의 대학 교육 정책 중에서 대학 정원 정책만큼 오랜 기간 고교 교육과 대학 교육에 중대한 영향을 미친 다른 정책을 찾기 어려울 만큼 대학 정원 정책은 중요한 정책이다. 한국의 대학 진학률이 빠르게 증가해 왔다는 것은 잘 알려져 있지만, 대학 교육을 받을 수 있는 학생의 수를 강하게 규제하는 정부 정책에도 불구하고 세계적으로 유례를 찾기 어려운 대학 진학률의 증가가 있었다는 사실은 잘 알려져 있지 않다. 어느 해에 대학이 배정받은 입학 정원의 수를 모두 합하면 그해에 대학에 입학할 수 있는 최대의 신입생 수가 결정되는데, 대학 정원 정책이 실시된 이래로 거의 모든 해에 한국에서 대학에 진학하려는 학생들의 수는 정부에서 정하는 입학 정원보다 훨씬 많았다. 그에 따라 대학 신입생의 수는 대학 입학 정원과 거의 유사하게 결정되었으며, 고등학교 졸업 직후에 대학에 입학하지 못한 수많은 학생들이 생겨났다. 이들 중 상당수는 대학 진학을 포기하는 대신 이듬해에 다시 대학 입학에 도전하는 재수생이 되었고, 많은 재수생의 존재는 한국의 치열한 대학 입학 경쟁을 상징하는 것이 되었다. 이는 세계적으로 보편적인 현상이 아닌 한국을 포함한 일부 국가들의 특수한 현상이다.

대학 교육은 학생들에게 어떠한 수익 혹은 이득을 가져다주는가? 그리고 그 수익은 비용을 상회하는가? 앞서 설명한 바대로 이러한 질문들에 답하기 위해서 우리 사회에서 학력 프리미엄이 얼마나 되는지 알아야 한다. 그러나 교육 수준이 높을수록 임금이 높다는 것은 여러 국가의 데이터에서 공통으로 관찰되는 사실이지만, 이것이 반드시 대학 교육을 받으면 임금이 상승한다는 것을 의미하지는 않는다. 시험 성적이 좋거나 학교생활을 성실하게 수행한 학생들이 대학에 진학할 가능성이 높기 때문에 대졸자와 비대졸자의 임금 차이는 대학 교육의 효과뿐만 아니라 이러한 개인들의 능력이나 성향 차이를 반영한 것일 수 있다. 대학 교육의 인과적 영향을 추정하기 위해서는 이러한 능력이나 다른 요소에 의한 효과를 제외한 대학 교육으로 인한 효과

만을 찾아내야 한다. 1980년대 중반 경제학의 실증 연구에서 나타난 신뢰성 혁명•(Angrist and Pischke 2010) 이후 인과관계 추정을 위한 분석 기법들이 크게 발전하였는데, 이 책에서는 인과관계 추정을 위한 분석 방법을 소개하고, 이러한 분석 방법이 한국의 노동 시장에서 대학 교육의 여러 영향을 분석하기 위해 중요하게 활용될 수 있음을 보일 것이다.

인과관계 추정 방법을 이용해서 분석한 결과, 대학 교육을 받은 근로자는 대학 교육을 받지 않은 근로자에 비해 50% 이상 높은 임금을 받는 것으로 나타난다. 즉, 한국 사회에서 대학 교육의 학력 프리미엄은 평균적으로 50%를 넘는 수준이었던 것이다. 이는 외국의 노동 시장에 대해 추정한 학력 프리미엄과 비교해도 크게 다르지 않은 범위 내에 있다(Card 1999; 2001). 임금 이외에도 대학 교육을 받은 근로자들이 직장에서 각종 사회보험과 출산 및 육아 휴직 등의 부가적 혜택을 많이 받아 임금 이외의 측면에서도 일자리의 질이 좋은 것으로 나타났다. 또한 대졸자들이 삶에 대한 만족도가 높으며 주관적 건강 역시 좋은 것으로 나타났다. 이러한 결과는 학생들과 학부모들의 대학 진학에 대한 선택이 비용을 초

신뢰성 혁명: 1980년대 초부터 경제학의 실증 연구의 타당성 및 신뢰성에 대한 여러 문제 제기가 나타났고 이에 대응하여 실증 연구의 신뢰성을 제고하기 위한 여러 방법들이 제안되었다. 이후에 이러한 방법들이 경제학의 실증 연구에서 널리 활용됨에 따라 실증 연구들의 신뢰성이 크게 제고되었는데 이를 신뢰성 혁명이라고 한다. 2021년의 노벨 경제학상은 신뢰성 혁명에 크게 기여한 세 명의 경제학자들에게 수여되었다.

과하는 수익을 발생시켰다는 것을 의미하는 것으로, 대학 진학 선택에 경제적으로 합리적인 측면이 있었음을 시사한다.

다음으로 1980년부터 최근까지 학력 프리미엄의 변화를 살펴보고 수요-공급 모형•을 통해 그 변화의 원인을 분석하였다. 학력 프리미엄에 대한 수요-공급 모형에 따르면, 학력 프리미엄은 고졸자 대비 대졸자에 대한 상대적인 수요와 상대적인 공급에 의해 결정된다. 예를 들어, 생산기술이 고졸 근로자들보다 대졸 근로자들을 더 생산적으로 만드는 방식으로 변화하면, 고졸 근로자 대비 대졸 근로자들에 대한 상대적인 수요가 증가하고 그에 따라 대졸 근로자들의 상대적인 임금이 증가한다고 설명한다. 반면에 대졸 근로자들의 노동 공급이 고졸 근로자들보다 더 크게 증가하면, 이는 대졸 근로자들의 임금을 낮추는 역할을 하게 된다. 따라서 고졸 근로자 대비 대졸 근로자의 상대 임금, 학력 프리미엄은 수요 측면의 변화와 공급 측면의 변화에 의해 영향을 받아 변화하게 된다. 최종적인 변화의 방향 및 규모는 수요 측면 변화의 크기와 공급 측면 변화의 상대적인 크기에 달려 있다. 즉, 대졸 근로자에 대한 상

수요-공급 모형: 시장에서의 가격과 거래량을 수요와 공급에 의해 설명하는 모형. 시장의 수요와 공급이 만나는 지점에서 균형가격과 균형거래량이 결정되고, 가격 이외의 다른 요인의 변화로 수요 혹은 공급이 변화하면 기존 균형에서 새로운 균형으로 이동하고 여기에서 새로운 가격과 거래량이 결정된다.

대 수요의 증가에 의한 효과가 상대 공급의 증가에 의한 효과보다 더 크면 학력 프리미엄은 증가하고, 반대의 경우에는 학력 프리미엄이 감소하게 된다. 대졸 근로자에 대한 상대 수요를 결정하는 가장 중요한 요인은 일반적으로 생산기술이고, 노동 시장의 학력 구성은 교육에 의해 결정되기 때문에 노벨 경제학상 수상자인 틴베르헌•은 학력별 임금 격차가 "교육과 기술 사이의 경쟁•"에 의해서 결정된다고 은유적으로 표현한다(Tinbergen 1974; Goldin and Katz 2010).

틴베르헌: 네덜란드의 경제학자로 계량 경제학 및 거시경제학의 발전에 크게 기여하였으며, 1969년에 노벨 경제학상을 수상하였다.

교육과 기술 사이의 경쟁: 교육 수준의 상승은 학력 프리미엄을 감소시키는 반면, 고학력자의 생산성을 향상시키는 방향의 기술 발전은 학력 프리미엄을 증가시키기 때문에 학력 프리미엄의 변화는 교육과 기술 사이의 경쟁에 의해 결정된다고 경제학자 틴베르헌이 은유적으로 표현하였다.

한국의 노동 시장 데이터를 위의 수요-공급 모형을 이용해서 분석하면, 1980년대 초반부터 1990년대 초반까지는 대졸 근로자 노동 공급의 대폭적인 증가와 노조 조직률 증가, 최저임금 도입 등의 노동 시장 제도적 요인으로 대졸-고졸 임금 격차가 크게 감소한 것으로 나타난다. 그러나 1990년대 중반 이후에는 대졸 근로자 공급의 지속적인 증가에도 불구하고 그와 유사한 수준의 대졸 근로자에 대한 상대 수요의 증가로 대졸-고졸 임금 격차는 큰 변화 없이 안정적으로 유지되거나 소폭 감소하였다. 다시 틴베르헌의 은유로 표현하면, 1990년대 초반까지는 교육이 기술과의 경쟁에서 크게 앞서 나가면서 학력 프리미엄이 크게 감소하였고, 그 이후에는 교육과 기술이 팽팽한 균형을 이루고 있어 학력 프리미엄이 안정적인 상태로 유지되고 있다고 할 수 있다.

이 모형에 대한 추정 결과를 이용해서 몇 가지 정책 시뮬레이션을 수행하였는데, 시뮬레이션의 결과는 앞서의 사실들을 다시 명확하게 확인시켜 준다. 수행한 정책 시뮬레이션들은 다음과 같다.

첫째, 대졸 근로자의 상대 수요를 증가시키는 수요 변화가 없었다면 임금 구조 변화가 어떻게 달라졌을 것인지 분석하였다. 그 결과는 대졸 근로자에 대한 상대 수요를 증가시키는 수요 변화가 없었다면 대졸-고졸 임금 격차는 실제 실현된 임금 격차보다 훨씬 낮은 수준에서 결정되었을 것이라는 것이다. 다른 측면에서 해석하면, 대졸 근로자의 공급이 매우 급격하게 증가해 왔음에도 불구하고 1990년대 중반 이후 대졸-고졸 임금 격차가 큰 변동 없이 유지된 것은 공급 증가에 의한 영향을 상쇄하는 수준의 대졸자에 대한 수요 증가가 있었다는 것을 의미한다.

둘째, 대학 입학 정원을 과거에 실제 결정되었던

입학 정원과 다르게 결정하였다면 임금 구조가 어떻게 달라졌을 것인지 분석하였다. 시뮬레이션 결과, 대학 정원을 낮은 수준으로 통제하였던 1960~1970년대에 대학 정원을 실제 그 시기에 결정된 정원보다 높게 설정하여 대학 교육에 대한 공급을 증가시켰다면 대졸-고졸의 학력별 임금 격차가 1980년 이후 실제 현실에서 실현된 학력별 임금 격차보다 훨씬 낮은 수준에서 결정되는 것으로 나타난다. 만일 학생들의 대학 진학에 대한 결정이 대학 졸업 이후 얻게 될 것으로 기대되는 임금에 의해 영향을 받는다면, 대학 입학 정원의 증원으로 인한 학력 프리미엄의 완화가 대학 교육에 대한 수요를 일정 부분 감소시키고 대학 교육의 수요-공급 간 불일치를 완화시켰을 것으로 판단된다. 즉, 1960~1970년대에 대학 입학 정원을 낮은 수준에서 통제한 것이 1980년대 중반까지 학력 프리미엄이 매우 높은 수준에서 유지된 주원인이었으며, 이것은 다시 대학 교육에 대한 수요를 크게 증가시켰을 가능성이 크다.

이 책의 구성은 다음과 같다. 제1장에서는 한국의 대학 진학률의 변화와 노동 시장에서 학력 구성의 변화를 살펴본다. 그리고 대학 정원 정책의 역사를 소개한다. 제2장에서는 대학 교육으로 인한 수익을 추정한다. 제3장에서는 1980년부터 최근까지 한국 노동 시장에서의 학력 프리미엄의 변화를 살펴보고 이러한 변화의 원인을 수요-공급 모형을 통해 이를 분석한다. 그리고 모형에 대한 추정 결과를 이용해서 몇 가지 정책 실험을 수행한 결과를 소개한다. 마지막으로 결과들을 정리하고 결과들이 제시하는 의미를 설명하며 책을 마무리 짓는다.

1

대학 교육의 확대와 대학 정원 정책

대학 교육의 확대

한국에서 대학 진학률은 해방 이후부터 2000년대 후반까지 꾸준히 증가해 왔다. 그림 1은 경제활동인구조사 원시 자료를 통해 구축한 1910년에 출생한 코호트•부터 1995년에 출생한 코호트까지 출생 코호트별 2년제 대학과 4년제 대학을 모두 포함한 대학 진학률과 4년제 대학 진학률을 보여 준다. 진학률은 표본에 있는 사람 중에서 대학 교육을 받은 적이 있다고 응답한 사람들의 비율로, 졸업자, 중퇴자, 재학생, 휴학생 등을 모두 포함한다. 경제활동인구조사 원시 자료는 1981년부터 2020년까지의 자료가 사용되었다. 또한 한국에서 학생들이 재수나 삼수 등으로 대학을 가는 경우가 많았기 때문에 최소 20대 중반 이후의 최종 학력 정보를 이용해서 대학 진학률 변수를 구축하였다.

코호트: 공통적인 특성을 가진 사람들의 집단을 뜻하는데, 여기에서는 같은 해에 태어난 사람들을 의미한다.

그림을 살펴보면 1910년대에 태어난 사람 중 대학 교육을 받은 적이 있는 사람의 비율은 2%를 넘지 못한다. 반면에 1980년대 중반 이후에 태어난 사람 중 대학 교육을 받은 적이 있는 사람의 비율은 80%를 넘는다. 70여 년에 이르는 기간 동안 한국의 대학

| 그림 1 | **출생 코호트별 대학 및 4년제 대학 진학률(%)**

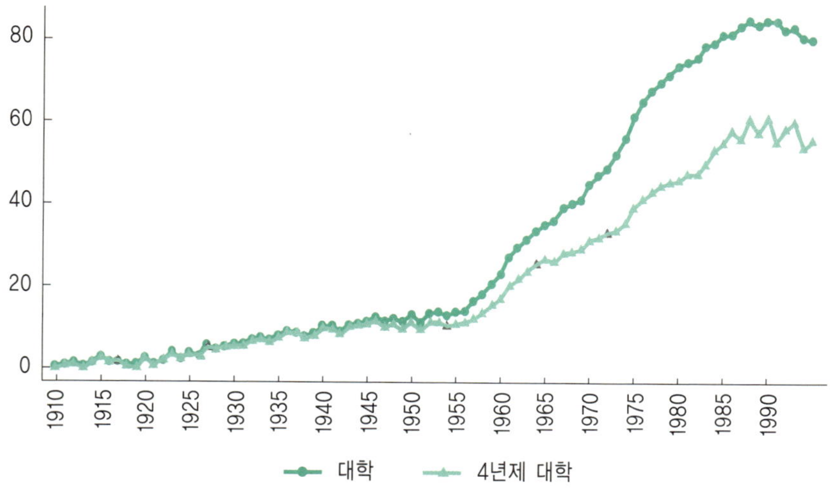

자료: 경제활동인구조사 1981~2020.

진학률은 비약적이라는 표현으로도 부족할 만큼 폭발적으로 상승하였다는 것을 확인할 수 있다. 국제적으로 비교해도 이와 같은 대학 진학률의 증가를 경험한 나라는 찾기 어렵다. 실제로 한국의 25~34세 청년층의 대학 진학률은 2020년 기준 OECD 국가에서 가장 높은데, 이는 그림 2에서 확인할 수 있다 (OECD 2022).

한국은 25~34세 청년층의 대학 진학률과 55~64

| 그림 2 | 국가별 25~34세, 55~64세 인구에서 고등교육을 받은 사람의 비율(%)

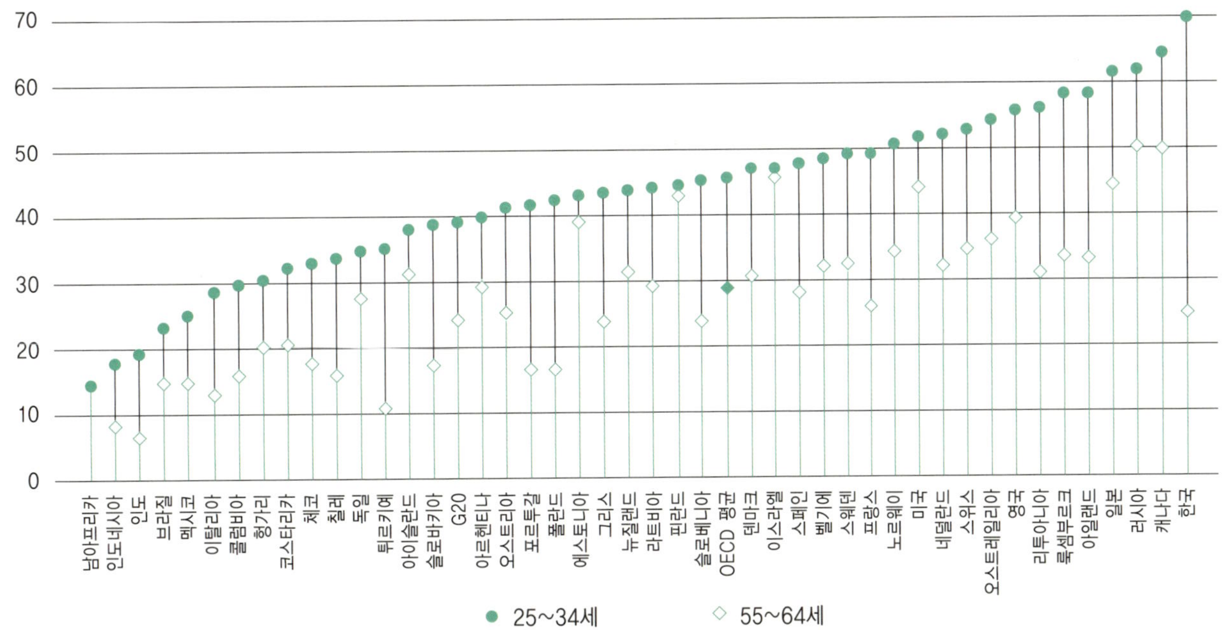

자료: OECD(2022), Population with Tertiary Education.

세 중장년층의 대학 진학률 차이도 가장 커서 OECD 국가들 중에서 한 세대 동안 대학 진학률이 가장 큰 폭으로 증가한 국가이기도 하다.

그림 1을 다시 살펴보면 해방 이전에 대학에 진학한 코호트에서도 대학 진학률이 완만하게 증가하였지만, 해방 이후 대학에 진학한 1926년 출생 코호트부터 박정희 정권 집권 이전인 1941년 출생 코호트까지 대학 진학률은 빠르게 그리고 꾸준히 증가하였다. 1926년에 출생한 코호트에서 대학 교육을 받은 사람의 비율은 3.5%에 불과한 데 반해 1941년에 출생한 코호트의 대학 진학률은 10.8%로 이 기간에 대학 진학률은 3배 이상 증가하였다. 또한 이 기간에 대학 교육을 받은 사람들은 대부분 4년제 대학교에서 수학을 하였다. 1941년 출생 코호트부터 1956년 출생 코호트까지는 대학 진학률이 정체 상태에 있었다. 1956년 출생자 중 대학 교육을 받은 사람의 비율은 14.3%로 1941년에 비해 불과 3.5% 포인트 증가하는 데 그쳤다. 특히 4년제 대학 교육을 받은 사람의 비율은 1941년 출생 코호트의 10.0%에서 1956년 출생 코호트의 11.5%로, 1.5% 포인트밖에 증가하지 않았다. 이 기간의 대학 진학률 정체는 나중

에 자세히 살펴보겠지만 박정희 정권의 시작부터 말기까지 대학 입학 정원이 억제된 것에서 기인한다. 1950년대 중반 이후 출생 코호트부터 대학 진학률이 급증하기 시작하였으며, 이 시기에는 4년제 대학 진학률과 2년제 대학 진학률이 모두 증가하였다. 이러한 증가는 1990년대 출생 코호트까지 이어지는 것으로 나타난다.

대학 진학률의 상승이 누적되어 사회 전반에서 성인들의 교육 수준 역시 상승하였다. 노동 시장에서도 인적 구성이 크게 변화하였고 근로자들의 학력이 크게 신장하였다. 그림 3은 1981년부터 2020년까지 연도별로 25~65세 인구 중 대학 혹은 4년제 대학 교육을 받은 적이 있는 사람의 비율을 나타낸다. 그림은 한국에서 사람들의 전반적인 교육 수준이 급속하게 그리고 지속적으로 향상되어 왔음을 보여준다. 1981년 대학 교육을 받은 성인의 비율은 8.1%였는데 2020년에는 54.3%에 달한다.

그림들을 통해 살펴보았듯이 한국에서 대학 학력을 가진 사람들은 급속하게 증가해 왔는데, 이는 노동 시장은 물론 사회·경제 전반에 중대한 변화를 가져왔을 것으로 판단된다. 사람들의 학력 수준의

| 그림 3 | 25~65세 인구 중 대학 교육 혹은 4년제 대학 교육을 받은 사람의 비율(%)

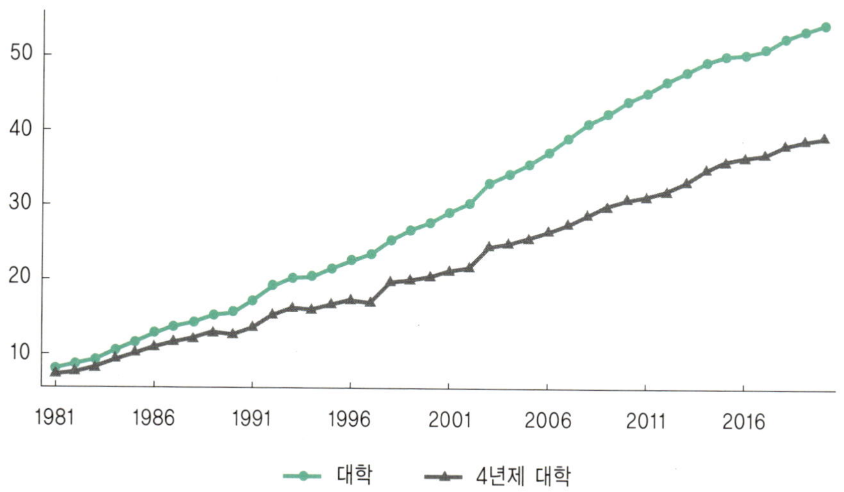

자료: 경제활동인구조사 1981~2020.

신장이 사회·경제 전반에 미친 영향을 분석하기에 앞서 대학 교육을 받은 사람의 비중이 왜 이토록 급속하게 변화해 왔는지 분석하는 것이 필요하다. 대학 교육을 실제로 받는 사람의 규모는 대학 교육을 받고자 하는 대학 교육 수요의 규모와 대학 교육 공급의 규모에 의해서 결정된다. 대학 교육을 받고자 하는 사람들의 수가 많더라도 대학 교육 공급이 충분하지 않다면 최종적으로 대학 교육을 받을 수 있는 사람의 수는 많지 않을 것이다. 반대로 대학 교육 공급이 충분하더라도 대학 교육을 받고자 하는 사람의 수가 많지 않다면 마찬가지로 대학 교육을 받은 사람의 수는 많지 않게 된다. 한국에는 대학 교육에 대한 공급 규모와 수요의 규모를 비교적 명확하게 파악할 수 있는 지표들이 존재하여 수요와 공급 측면 각각이 어떻게 대학 교육을 받는 사람들의 규모를 결정해 왔는지 분석할 수 있다.

대학 정원 정책과 대학 교육의 수요와 공급

한국에서 대학 교육의 공급을 결정해 온 가장 중요한 정책은 대학 정원 정책이다. 대학 정원 정책은 학과 혹은 계열별로 각 학교에서 선발할 수 있는 대학 신입생의 수를 미리 정해진 입학 정원 내로 제한하는 정책이다. 1960년 이후 많은 경우 대학에 입학하려고 하는 학생들의 수가 대학 입학 정원을 크게 상회해 왔기 때문에 대학 입학 정원이 대학 신입생의 수를 거의 결정해 왔다. 이에 따라 노동 시장에 배출되는 대졸 근로자들의 규모 역시 대학 정원 정책에 의해 크게 영향을 받았다. 대학 정원 정책은 사회 전반과 노동 시장에 있는 근로자들의 학력 수준에 중대한 영향을 미친 정책이라는 점에서 한국경제와 노동 시장에도 큰 영향을 미쳐 왔지만 이에 대해서는 아직 충분한 학술적 연구가 이루어지지 않은 측면이 있다. 이 절에서는 4년제 대학과 전문대학 각각에 대해 입학 정원과 대입 지원자 수, 대입 코호트의 규모• 등의 역사적인 변화를 그래프를 통해 살펴본다.

대입 코호트의 규모: 출생연월에 따라 해당 연도에 대학에 입학하기로 되어 있는 코호트의 인구 규모. 예를 들면, 2022년에는 2003년에 태어난 사람들이 대학에 들어가게 되어 있는데, 이때 2003년에 태어난 사람들의 인구 규모가 2022년 대입 코호트의 규모가 된다.

그림 4는 1961년부터 2019년까지 연도별 4년제 대학 입학 정원, 4년제 대학 입학생, 코호트 규모, 대학 입학 시험 전체 응시자 수, 고등학교 3학년 중 대입 시험 응시자 수를 나타낸다. 이 그림은 지난 60여 년 동안 한국의 대학 입시의 역사를 매우 압축적으로 보여 준다. 4년제 대학 입학 정원은 4년제 대학 교육에 대한 공급 규모를 나타내며, 고등학교 3학년 중 대학 입학시험 전체 응시자 수는 각 코호트의 대학 교육에 대한 수요를 측정하는 대략적인 지표로 이해할 수 있다. 대학 입학 시험 응시자의 대다수는 4년제 대학 진학을 희망하였던 것으로 생각되지만, 일부는 전문대학에 진학하려는 학생들도 있기 때문에, 대학 입학 시험 응시자의 전부가 아닌 일부가 4년제 대학 교육에 대한 수요자로 생각할 수 있다. 대

| 그림 4 | **4년제 대학 정원, 입학생 수, 코호트 규모 및 대입 시험 응시자 수: 1961~2019년**

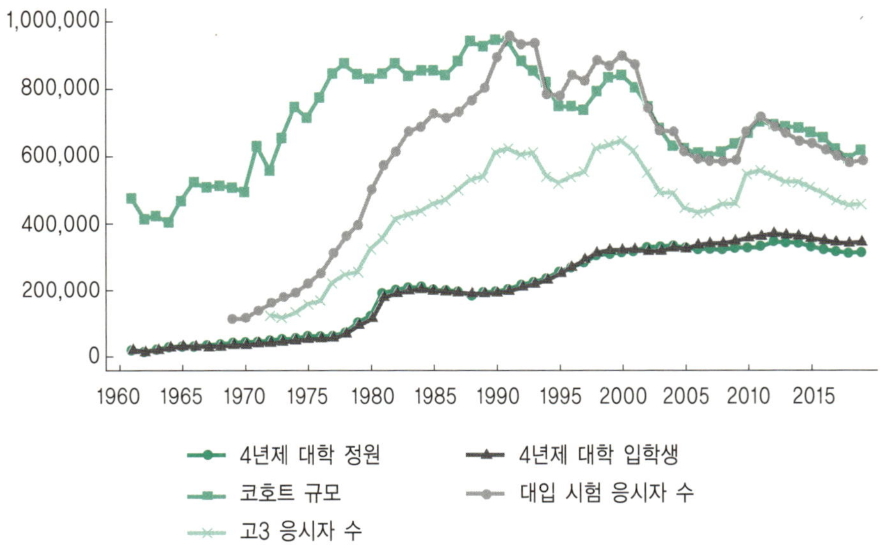

자료: Kim(2017; 2021).

학 입학 시험 응시자 수를 대학 교육의 수요에 대한 정확한 지표가 아닌 수요에 대한 대략적인 지표라고 하는 것은, 대학 교육을 받기를 원하지만 경제적 사정, 성적, 기타 사정 등으로 대학 시험에 응시하지 않은 사람들이 있을 수 있고, 특히 전문대학을 포함하여 일부 대학들의 입시에서 대학 입학 시험 결과를 요구하지 않았던 경우 이러한 대학에 진학하는 학생들 중 일부는 대학 입학 시험에 응시하지 않았을 수 있기 때문이다. 이러한 점들을 고려할 때 중등 교육의 공급이 현재와 비교하여 제한적으로 이루어지고 경제 수준이 낮았던 과거일수록 실제 대학 교육에 대한 수요는 대입 시험 응시자 수로 드러난 수보다 훨씬 컸을 가능성이 높다. 또한 전문대학 입시에서 대입 시험 점수의 반영 여부, 대학교의 수시 모집 등 대학 입시 제도의 변화에 따라 대입 시험의 응시자 수가 영향을 받을 수 있다는 점을 염두에 두어야 한다. 하지만 대입 시험의 응시자 수는 이러한 한계에도 불구하고 대학 교육에 대한 수요를 현재 이용 가능한 자료 중에서 가장 분명하게 나타내는 지표인 것은 분명하다.

코호트 규모는 코호트별로 대학에 진학할 수 있는 최대 인원으로 대학 진학 희망자는 코호트 규모와 기타 요인들의 영향에 의해 결정된다. 그림 4에서 주목할 만한 점은 대입 시험 응시자 수가 4년제 대학 입학 정원을 크게 초과해 왔다는 것이다. 특히 1970년대부터 2000년대 초반까지 그 격차는 매우 컸다. 이러한 대학 입학 지원자 수와 대학 정원의 괴리는 대규모의 재수생들을 낳았다. 물론 재수생들은 대학에 진학하려는 동기뿐만 아니라 더 좋은 대학에 진학하려는 동기가 중첩되어 발생한 것이지만 이렇게 매년 존재해 온 대규모의 재수생은 한국 대학 입시에서의 수요와 공급의 불일치를 분명하게 보여 준다. 또한 대학 입학 지원자 수가 대학 입학 정원을 크게 상회함에 따라 대학 입학생 수는 대학 입학 정원과 거의 일치하는 수준에서 결정되었다. 이를 통해 확인할 수 있는 것은 대학 입학 정원이 대학 신입생의 수를 결정해 왔고 그에 따라 한국에서 대학 교육을 받는 사람의 수에 큰 영향을 미쳐 왔다는 것이다. 2000년대 초반 이후로 정원 외로 모집되는 재외국민 전형이나 외국인 입학생 등의 증가에 따라 대학 입학생의 수가 대학 정원을 약간 상회한다. 2000년대 초반부터 시작된 코호트 규모의 감소로 대학 시험 응시자 수가 감소하는 추세를 보이게 되고, 이에 따라 대학 입학 자체를 위한 경쟁은 과거보다 크게 완화되었지만 상위권 대학에 진학하려는 목적으로 재수생의 수는 여전히 높게 유지되고 있는 상황이다.

다음으로 전문대학 교육에 대한 수요와 공급의 변천을 살펴보자. 그림 5는 1961년부터 2019년까지 코호트 규모와 전문대학의 입학 정원, 입학생 수를

| 그림 5 | 전문대학 정원, 입학생 수 및 코호트 규모: 1961~2019년

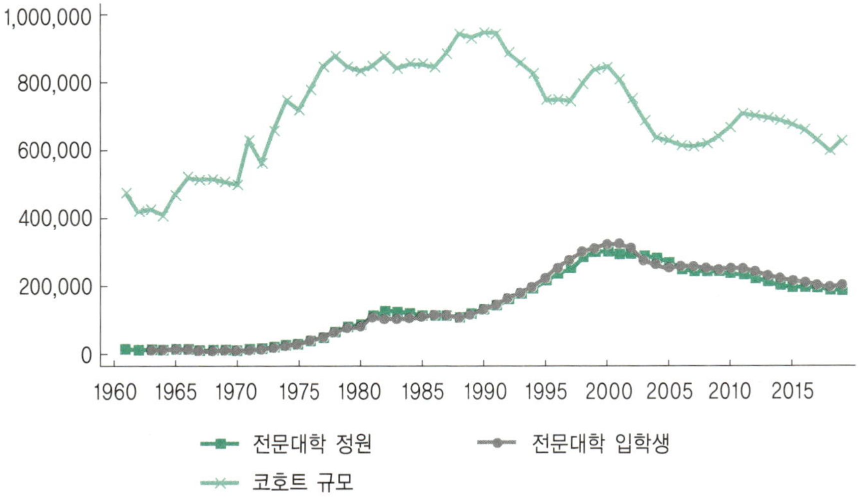

자료: Kim(2017; 2021).

나타낸다. 전문대학은 1979년에 일원화되기 전에 이전 실업고등전문학교와 초급학교의 형태로 있었으나 편의상 이들을 모두 전문대학으로 칭한다. 전문대학 역시 입학 정원과 입학생의 수가 거의 일치하여 공급보다 수요가 많았음을 시사한다. 1970년대 초반까지 전문대학 정원은 낮은 수준으로 유지되었으나 1970년대 초반부터 서서히 늘어나기 시작하여 1980년대 초반까지 전문대학 입학 정원은 크게 늘어났다. 이후 1980년대 후반까지 입학 정원에 큰 변화가 없다가 1980년대 후반부터 2000년대 초반까지 다시 전문대학 입학 정원은 급격하게 증가하였다. 이후 일부 전문대학의 일반대학으로의 전환이나 코호트 규모의 감소를 반영하여 2000년대 초반부터 현재까지 전문대학 입학 정원은 꾸준히 감소하고 있다는 것을 확인할 수 있다.

그림 4와 그림 5는 일반대학과 전문대학 모두에 대해 대학 지원자 수가 대학 입학 정원보다 크게 높은 수준에서 결정되어 왔고, 이에 따라 대학 입학생 수가 대학 입학 정원 규모에 의해 결정되어 왔음을 보여 준다. 다음으로 사람들의 학력 수준에 대한 정보를 담고 있는 데이터를 이용해서 코호트 규모와 대학 입학 정원이 예측하는 바대로 사람들의 학력 수준이 결정되어 왔는지 살펴보고, 한국에서 대학 입학 정원이 사람들의 학력 수준을 어떻게 결정해 왔는지 이해한다. 그림 6은 출생 코호트별로 코호트 규모 대비 4년제 대학 입학 정원과 경제활동인구조사 자료를 이용해서 만 19세와 만 20세 때 4년제 대학 재학 학생의 비율을 나타낸 것이다. 많은 수의 재수생의 존재로 처음 대학에 입학하는 시기인 만 19

| 그림 6 | 출생 코호트별 연령에 따른 4년제 대학 진학률 및 코호트 규모 대비 4년제 대학 정원

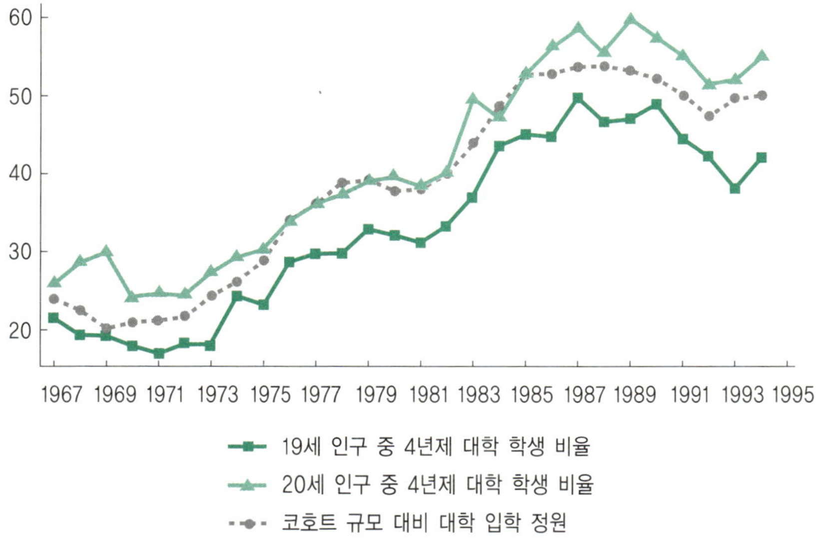

자료: Kim(2017).

세 때는 대학 정원의 비율보다 4년제 대학 재학생의 비율이 작다. 그러나 이들 중 만 20세 때 재수를 하여 대학에 입학하는 학생들의 존재로 만 20세가 되면 4년제 대학 재학생의 비율이 대학 정원의 비율과 비슷해지거나 약간 초과한다. 그림 6은 한국에서 대학 정원이 학생들의 대학 입학에 어떻게 영향을 미치는지, 학생들이 어떻게 대응해 왔는지 보여 주며, 4년제 대학 정원이 오랜 기간 4년제 대학 교육을

| 그림 7 | 출생 코호트별 연령에 따른 전문대학 진학률 및 코호트 규모 대비 전문대학 정원

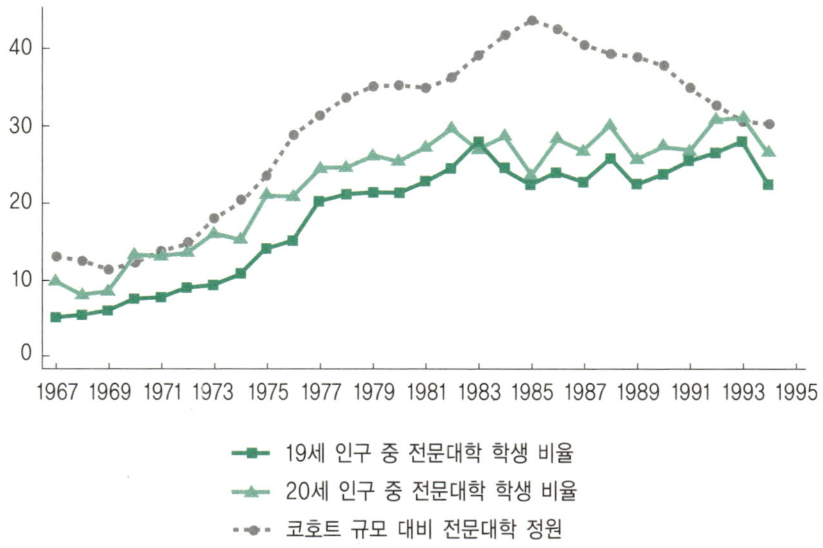

자료: Kim(2017).

받은 성인의 수를 실질적으로 결정해 왔음을 보여 준다.

마찬가지로 그림 7은 출생 코호트별로 코호트 규모 대비 전문대학 입학 정원과 만 19세와 만 20세 당시 전문대학 재학 학생의 비율을 보여 준다. 만 19세에서 만 20세가 됨에 따라 재학생의 비율이 증가하는 것은 4년제 대학과 비슷하지만 그 증가 폭은 4년제 대학에 비해서 작은 편이다. 1970년대 중반 이전 코호트에서는 만 20세의 전문대학 재학생 비율이 코호트 규모 대비 전문대학 정원과 비슷한 수준이지만 그 이후에는 전문대학 재학생 비율이 전문대학 정원 비율에 크게 못 미친다. 이는 그림 5에서 전문대학 입학 정원과 전문대학 신입생 수가 거의 일치하는 것과 불일치하는 결과인데, 전문대학 신입생들의 적지 않은 수가 재수 등을 통해 4년제 대학으로 진학하였다면 이러한 결과가 나타날 수 있다. 대학 정원 자율화 이후 4년제 대학 정원이 크게 증가함에 따라 4년제 대학 진학률이 증가하였고, 그에 따라 전문대학의 미충원율이 높아졌을 것으로 추론된다. 2000년대부터 전문대학의 정원이 꾸준히 감소함에 따라 1990년대 출생 코호트에서는 전문대학 재학생의 비율과 코호트 규모 대비 전문대학 정원이 유사한 수준으로 변하였다.

다시 지금까지의 분석 결과를 정리하면, 한국에서 거의 모든 해에서 대학에 진학하려고 하는 학생의 수는 대학 입학 정원의 총량보다 컸다. 그 결과 대학 입학생의 수는 대학 입학 정원과 거의 일치해 왔고, 코호트별 대학 진학률도 코호트 규모 대비 대학 입학 정원과 유사한 수준에서 결정되어 왔다. 다른 측면에서 생각해 보면, 대학 교육에 대한 공급 수준이 수요에 크게 못 미치는 수준에서 결정된 측면이 있다. 특히, 1990년대 중반 이전까지는 수요가 공급을 크게 초과하였다. 또한 그래프를 살펴볼 때 대학 입학 정원으로 나타나는 대학 교육에 대한 공급은 수요나 사회·경제적인 변화에 맞추어 탄력적으로 조정되기보다는 새로운 정권이 들어서거나 정치적인 격변이 있을 때 크게 변하는, 즉 비탄력적으로 조정되어 온 측면이 있으며, 그 이외의 시기에는 변화가 거의 없거나 작은 경직적인 성격을 갖고 있었다. 이상적으로는 사회의 수요와 필요에 따라 고학력 근로자들이 탄력적으로 공급되어야 하였으나 그렇지 못한 측면이 컸으며, 코호트의 규모가 변해도 대학 입학 정원은 그에 따라 조정이 이루어지지 않아 코호트에 따라 대학 입학의 기회에 차이가 있었다. 이 절에서는 그래프를 통해 양적인 측면에서 대학 교육의 수요와 공급이 어떻게 변화해 왔는지 살펴보았는데, 다음 절에서는 대학 입학 정원이 역사적으로 어떻게 결정되어 왔는지 역대 정권별로 대학 입학 정원 정책의 기조와 내용을 중심으로 살펴본다.

대학 정원 정책의 역사

그동안 교육학자들은 대학 정원 정책의 역사를 그 특성에 따라 몇 가지 시기로 구분해 왔는데(강무섭 외 1986; 윤정일 외 1996; 최강식·이보경 2017), 이를 종합하여 저자가 재정리한 분류는 다음과 같다. (1) 해방 이후부터 5.16 군사 정변 이전까지의 자유방임의 시기 혹은 정원 개방기, (2) 5.16 군사 정변 시기부터 1970년대 후반까지 정원 통제·감독기, (3) 1970년대 말부터 1992년까지 정원 확대 및 유지기, (4) 1993년부터 2002년까지 정원 자율화기, (5) 2003년부터 현재까지 정원 감축기이다.

한국에서 지난 60여 년간 대학 입학 정원 정책의 변화의 양상 및 성격을 간략하게 요약하면, 대학 입학 정원이 매해 사회·경제적 환경 및 요구에 따라 탄력적으로 변화하기보다는 비탄력적으로 서서히 변화하는 측면이 있으며, 대학 지원자 수와 대학 정원의 불일치가 커짐으로써 변화의 압력이 심화될 때 대학 정원이 획기적으로 변하는 측면이 있었다. 그리고 새로운 정원 정책은 정권이 바뀔 때 새 정부의 새로운 교육 정책과 병행되어 추진되는 경향이 있었다.

각 시기의 주요 내용과 변화를 구체적으로 살펴보면, 우선 자유 방임기인 1945년부터 1960년까지는 고등교육 기관과 학생 수가 양적으로 크게 팽창한 시기이다. 이 시기 고등교육이 공급 측면에서 크게 팽창한 것에 특히 중요한 역할을 한 것은 「농지개혁법」(1949년), 「재학생 징집 연기 잠정령」(1950년), 그리고 지방국립대학의 설립이다.

「농지개혁법」은 전 경작지를 유상 매수, 무상 분배한다는 것으로 지주들은 토지를 싼값에 매수당하는 대신에 사학을 설립하고자 하였다. 그에 따라 미군정 기간 동안 23개의 대학이 설립되었다.

1950년 2월 28일에 공표된 「재학생 징집 연기 잠정령」은 징집을 연기하기 위한 수단으로서 대학에 입학하고자 하는 학생들의 수를 증가시켜 결과적으로 대학 교육에 대한 수요를 증가시켰다.

마지막으로 한국전쟁 기간인 1951년에 「대학교육에 관한 전시 조치령」에 의해 전시연합대학•이 설립되었는데, 부산, 대전, 전북, 광주 등에서 전쟁 기간 중 대학 교육이 계속되었고 전쟁 이전에 서울에 집중되었던 대학 교육을 지방에 일시적으로 분

전시연합대학: 한국전쟁으로 정상적인 수업이 어렵게 됨에 따라 단독으로 수업을 실시할 수 없는 여러 대학교의 교수들과 학생들이 합동으로 수업을 진행한 것을 일컫는다.

산시키는 역할을 하였다. 전쟁 이후에 서울 소재 대학들은 서울로 복귀하였으나, 지방에도 대학을 설립해야 한다는 움직임이 일어나 이를 계기로 1952년부터 각 도에 주요 국립대학들이 설립되었다. 이러한 역사적인 사건들을 계기로 이 시기에 대학 교육의 공급은 크게 증가하였고, 그에 따라 대학 교육을 받은 학생들의 수도 크게 증가하였다.

1961년 5.16 군사 정변으로 박정희 정권이 집권하였는데 이 시기에는 대학 정원에 대한 강한 통제가 시작되어, 빠르게 팽창하는 대학 교육의 수요에 맞추어 대학 입학 정원이 증가하기보다는 억제되었다. 1961년에 박정희 정부는 「교육에 관한 임시특례법」(1961년 9월 1일, 법률 제708호)을 제정하여 대학에 대한 통제와 감독을 강화하고자 하였는데, 이 특례법의 제3조 제2항에 의거하여 「학교정비기준령」이 공포되었다. 「학교정비기준령」은 국·공·사립 대학 및 대학교의 학생 정원은 국가의 인적 수요, 설립자의 교육 경비 부담 능력, 국민의 교육비 부담 능력 등을 고려하여 문교부 장관이 책정하도록 하였는데, 이는 인력 수급 계획에 의거하여 대학 정원을 정하도록 한 정책이라는 점과 대학 정원에 대한 국가의 전면적인 통제를 가능하게 한 정책이라는 의미를 갖는다(강무섭 1986; 윤정일 외 1996).

박정희 정부의 대학 교육에 대한 정비 및 통제는 1965년 제정 및 공포된 「대학학생정원령」으로 그 틀을 완성하게 되는데, 이는 같은 해에 신설된 '대학 및 사범대학의 학생 정원은 각각 따로 대통령령으로 정하도록 한다는 규정'에 의해 공포되었다. 주요 내용은 대학 및 사범대학의 학과별 입학 정원과 학년 정원을 규정하고 규정된 정원을 초과하여 입학을 허가할 수 없다는 것이다. 대학 정원은 이전에 문교부 차관 전결 사항이었는데 「대학학생정원령」 이후로는 어떤 대학의 한 학과의 정원이라도 수정이 되려면 국무회의 의결을 거쳐야 하였다(강무섭 1986). 「대학학생정원령」은 이후 수정 및 보완이 이루어지면서 지금까지 실시되어 오고 있다는 점에서, 한국의 대학 정원 정책의 근간을 이루는 법령이었다는 큰 의미가 있다(윤정일 외 1996).

강무섭 외(1986)는 박정희 정부에서 강한 교육 통제 정책이 채택된 세 가지 원인으로 고등교육 인력의 유민화, 부실 사학의 존재, 정치적 목적을 지적한다. 고등교육 인력의 유민화는 해방 이후 고등교육의 수요와 공급이 팽창함에 따라 고등 인력이 과잉 배출되어 이들의 노동 시장 성과가 저조하였다는 것을 의미한다. 이 문제에 대한 당시 정부의 인식은 아래의 글에서 명확하게 확인할 수 있다.

> 종래의 대학은 양적으로만 팽창하였을 뿐, 질적으로는 매우 조저하였을 뿐 아니라 무계획한 대학의 난립은 고등 유민의 대량 배출을 가져왔고 이에 따라 사회악이 조성되었으며, 농촌 경제는 더욱 마비되어 소위 대학 망국론까지 나오는 형편이었고, 이에 혁명 정부는 단호히 대학 정부에 착수하여 ……
> 혁명 정부 1년간의 업적(공보부 1962; 강무섭 외 1985로부터 재인용).

두 번째로 부실 사학의 존재와 사학에 대한 부정적 여론을 들고 있다. 당시 사학들은 정원 외로 학생들을 모집 및 입학시켜서 추가적인 수익을 냈는데, 여기에서 발생한 수익을 재단에서 교육투자보다 재단의 자산을 증식하는 데 주로 사용하는 것에 대해 비판이 존재하였다. 또한 학교의 주요 보직을 설립자 가족들이 맡음으로써 족벌 체제를 형성해 가는 것에도 비판 여론이 존재하였다.

마지막으로 1960년 4.19혁명을 비롯하여 당시 사

회운동의 중심에 학생들이 있었는데 학생운동 세력의 규모를 통제하려는 정치적 의도가 있었다고 보는 견해가 있다. 위의 세 가지 요인 중에서 고등 인력의 과잉 공급과 사학에 대한 비판 여론은 오늘날에 이르기까지 이어지도록 뿌리가 깊다는 것을 확인할 수 있다.

그러나 박정희 정부에서 대학 정원의 증가를 억제해 온 결과 1970년대 중반 이전까지 대학 정원은 완만하게 증가하는 반면, 경제 성장과 고등학교 진학률의 증가 등의 원인으로 고등교육에 대한 수요는 비약적으로 증가해서 수요와 공급의 불일치가 점차 커지게 되었다. 그리고 1970년대에 이르러서는 노동 시장에서도 역으로 대졸자 노동 공급이 크게 부족한 상황이 되었다. 당시 상황에 대한 다음의 글은 이러한 상황을 명징적으로 보여 준다.

> 대졸자의 경우, 특히 4년제 대학의 경우 입학 정원의 비탄력적 운용으로 인하여 1970~1980년간 추가 공급 노동력은 (고졸자의 12.4%에 비하여 훨씬 낮은) 연평균 6.9%밖에 신장하지 못하였다. …… 노동 수요의 측면을 보면 1970~1975년간 대졸자의 전통적 취업 직종인 전문·기술직, 행정·관리직 및 사무직은 약 35.2만 명이 증가한 반면, 동 기간 중 2

> 년제 및 대학원을 포함한 대졸자의 노동 공급량은 약 20만 명에 그치고 있어 대졸자의 경우 약간의 부족 현상이 있었다고 볼 수 있다. 다음 1975~1980년간을 보면 상위 직종의 증가율이 빨라져 위의 세 직종에서 55.5만 명의 수요 증가가 있었으나 동 기간 중 대졸자(고등교육 기관) 공급은 약 28만 명선에 그치고 있었으므로 70년대 후반에도 대졸자 공급 부족 현상은 더욱 심화되어 가는 양상을 보이고 있다(박세일 1983; 강무섭 외 1986에서 재인용).

이러한 대학 교육에 대한 초과 수요와 노동 시장의 압력에 따라 대학 정원은 1970년대 후반 큰 폭의 증원이 있었고, 1980년대에 다시 대폭 증원되는 원인이 되었다. 차후에 구체적으로 살펴보겠지만, 박정희 정권 시기에 이루어진 대학 정원의 억제로 노동 시장에 공급되는 대졸 근로자 규모가 시장의 수요보다 크게 못 미침에 따라 대졸 근로자의 임금이 매우 높은 수준에서 형성되는 계기가 되었다. 대학 교육에 대한 수익 상승은 다시 더 많은 학생들이 대학에 진학하도록 만드는, 즉 대학 교육에 대한 수요를 증가시키는 원인이 되었을 가능성이 높다.

1981년 제5공화국의 출범 이후 대학 정원 정책은 다시 큰 변화를 맞이하게 되는데, 이 시기를 대표하는 대학 정원 정책은 1980년 국가보위비상대책위원회에서 발표한 '7.30 교육개혁 조치'에 포함된 졸업정원제•이다. 그 주요 내용은 대학별로 정해진 졸업정원에서 대학교는 30%, 전문대학은 15%를 가산한 정원을 입학 정원으로 하여 학생들을 선발하고, 졸업 인원은 졸업 정원에 맞춘다는 것이다. 정책의 당초 취지는 입학 정원을 늘려서 대학 교육에 대한 수요와 공급 불일치를 완화하고 졸업은 어렵게 하여 대학의 면학 분위기를 개선하고 질적 향상을 도모하기 위한 것이었으나, 원래 정해진 비율의 학생들을 중도 탈락시키지 않고 여러 방식으로 구제해 줌에 따라 졸업 정원은 사실상 유명무실화되었다. 이에 따라 졸업정원제는 사실상 입학 정원만 늘리는 결과를 가져왔다. 결국 1987년에 졸업정원제는 폐지되고 1988년도부터 입학 정원제로 회귀하였다. 1981년의 졸업정원제로 인해 정원이 크게 증가한 이후 1990년대 초반까지 대학 정원은 큰 변화 없이 유지되었다고 할 수 있다.

졸업정원제: 대학의 졸업 정원보다 많은 신입생을 선발하고 대학 과정에서의 학업성취도에 따라 초과 인원을 중도 탈락시켜 졸업시에는 졸업 정원에 맞추어 졸업생을 배출하고자 하였던 정책.

1993년에 문민정부가 들어서면서 대학 정원의 자율화가 추진되었다. 1995년 5월 31일에 '5.31 교육개혁방안'이 발표되었는데, 그 주요 내용은 대학 정원을 점진적으로 자율화하고 학사 운영에서 대학의 자율권을 강화하는 것이었다. 또한 대학 설립 준칙주의•를 채택하여 획일적인 학교 설립 기준 대신에 학교의 설립 목적과 학교의 특성에 따라 일정한 기준을 충족하면 학교를 자유롭게 설립할 수 있도록 허가하였다.

대학 설립 준칙주의: 학교의 설립 기준을 학교의 설립 목적과 특성에 따라 다양하게 규정하고, 일정 기준을 충족하면 학교를 자유롭게 설립할 수 있도록 허가하는 제도. 준칙주의 도입 전에는 대학설치기준령에 따라 대학은 정원, 신설 및 설비, 재정, 수익용 기본 재산 등에서 기본 요건을 충족해야 하였고, 이를 충족하기 위해서는 대규모 종합대학의 성격을 가져야 하였다. 준칙주의 도입을 통해 이러한 요건이 완화되면서 소규모 특성화 학교들의 설립이 가능해졌다.

앞서 설명한 바와 같이 1981년 졸업정원제의 실시로 대학 입학 정원이 증가하였지만, 1981년 이후부터 1990년대 초반까지는 사실상 대학 입학 정원이 거의 변화하지 않은 반면, 대학 입학 시험에 응시하는 학생들은 비약적으로 증가하여 수요와 공급의 불일치는 다시 확대되었다. 또한 대학 진학률이 급격하게 증가하여 대학 교육이 보편 교육에 가까운 단계로 이행하는 상황이 되었다. 이러한 상황에서 정부가 대학 정원의 세부 사항을 일일이 결정하고 규제하는 정책에 대한 문제 제기가 있었고, 이것이 대학 정원 자율화 정책이 추진된 배경이 되었다. 대학 정원의 자율화와 대학 설립 준칙주의는 비수도권 지역부터 실시되어 비수도권 지역의 대학 설립과 정원 확대가 이루어졌다. 그 결과 1990년대에는 비수도권 대학을 중심으로 정원이 큰 폭으로 확대되었다.

김대중 정부에서도 대학 정원 자율 정책의 기조는 이어졌다. 그림 8은 1965년부터 2022년까지 서울, 서울 이외 수도권 지역과 비수도권 지역의 4년제 대학 정원 및 전문대학 정원을 각각 나타내고 있다. 이 그림은 1970년대 중반 이후부터 비수도권 지역의 정원이 수도권 지역에 비해 더 크게 증가해 온 경향이 있음을 보여 주며, 특히 1990년대 중반 이후 대학 정원 자율화 정책 이후 비수도권 대학이 매우 큰 폭으로 증가하였다는 사실을 보여 준다.

1990년대까지는 대학 지원자가 대학 정원을 크게 넘어서는 대학 교육에 대한 큰 규모의 초과 수요가 있었다면, 2000년대에 들어서부터는 대학에 입학할 고등학생 수의 감소로 초과 수요의 크기가 감소하고 급기야 대학의 학생 수급에 문제가 생길지도 모른다는 우려가 생기기 시작하였다.

2003년에 출범한 노무현 정부에서는 학령인구의 감소로 가까운 미래부터 고교 졸업자 수가 대학 입학 정원을 하회할 것으로 예상하면서 대학 정원의 감축을 준비하기 시작하였다. 2004년 발표된 '대학 경쟁력 강화를 위한 대학구조 개혁방안'에서 정원

| 그림 8 | 수도권과 비수도권 지역의 4년제 대학 입학 정원: 1965~2022년

가. 지역별 4년제 대학 정원

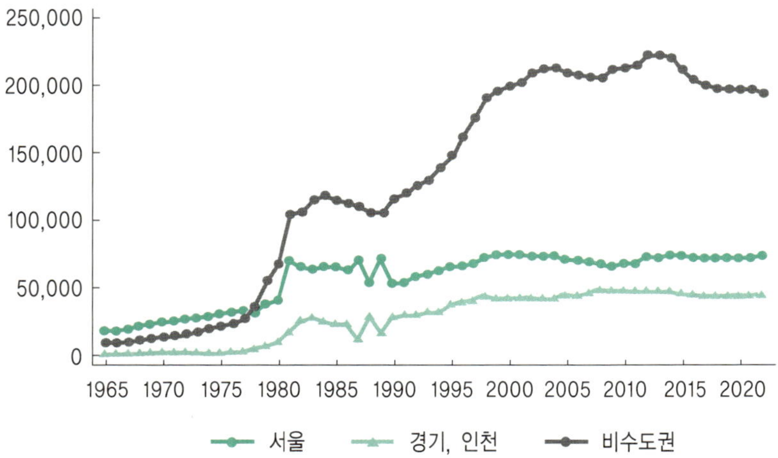

나. 지역별 전문대학 정원

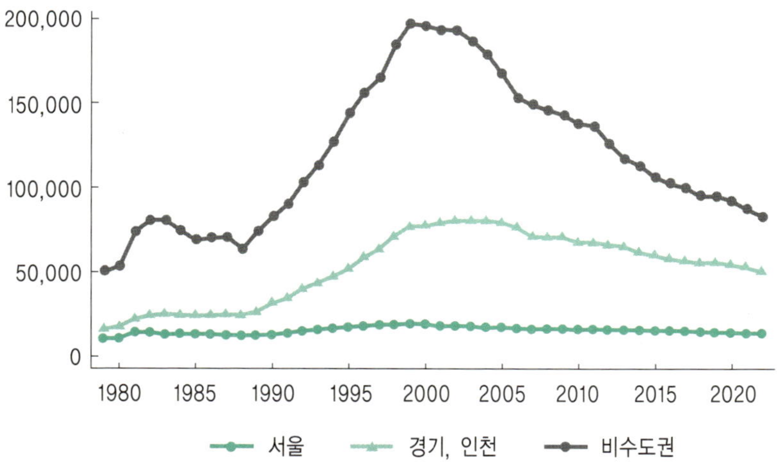

자료: 이철희·권정현·김태훈(2023).

감축과 대학 통폐합, 학과 통폐합, 부실 사립대 구조조정 및 퇴출 등의 과제들이 제시되었다. 대학 통폐합, 입학 정원 감축과 재정지원을 연계하면서 대학들의 통폐합과 입학 정원 감축을 유도하였다. 예를 들어, 2005년부터 2008년까지 '구조개혁 선도대학 지원사업'을 통해 16개 주요 대학에 978억 원을 지원하고 이들 대학의 입학 정원 7,440명을 감축하였다 (최강식 2017).

이명박·박근혜·문재인 정부에서도 이러한 대학 구조개혁의 기조는 유지되어 정원 감축과 대학 구조조정이 이어졌다. 이명박 정부에서는 정부 재정지원 제한 대학•의 지정, 박근혜 정부에서는 대학 구조개혁 평가•, 문재인 정부에서는 대학 기본 역량 진단•을 통해 대학을 평가하여 경쟁력이 떨어지는 대학을 선별하고 교육 기능을 상실한 부실 대학의 퇴출 및 정원 감축 등의 구조조정을 시도하였다. 그러나 이러한 정부 주도의 구조개혁은 평가 지표의 적절성 및 타당성 여부, 평가로 인한 대학의 행정 부담과 피로도 증가, 비수도권 대학 중심의 구조조정 등을 놓고 비판이 있기도 하였다.

실제로 그림 8을 다시 살펴보면 2010년대 초반

정부 재정지원 제한 대학: 이명박 정부에서 시행한 대학 구조조정 정책으로 대학에 대한 평가를 통해 하위권 대학에 속할 경우 정부 재정지원과 학자금 대출에서 제한을 받게 되었다.

대학 구조개혁 평가: 학령인구 급감에 대비하여 박근혜 정부에서 실시한 대학 구조조정 정책으로 대학에 대한 평가를 통해 정원 감축 권고와 재정지원 제한 조치 등이 취해졌다.

대학 기본 역량 진단: 문재인 정부에서 시행한 대학 구조조정 정책으로 박근혜 정부의 대학 구조개혁 평가의 2차 평가를 평가 방식을 일부 수정하고 명칭을 변경한 것이다.

이후 비수도권 지역의 4년제 대학 정원이 수도권 지역에 비해 더 큰 폭으로 감소하였음을 확인할 수 있다. 이는 부실 대학들이 비수도권에 더 많이 소재하고 있는 것도 원인이지만, 정부의 대학 평가에서 대학 소재지에 따라 차등적으로 적용하였음에도 불구하고 정부 정책과 시장 상황을 고려하여 비수도권 소재 대학들이 선제적으로 더 큰 폭의 정원 감축을 하였기 때문이기도 하다(최강식 외 2017). 전문대학의 경우 2000년대 들어서 비수도권 지역을 중심으로 매우 큰 폭으로 정원이 감소해 왔는데, 이는 전문대학들이 일반대학으로 전환하거나 정원 감축이 이루어졌기 때문이다.

그러나 다른 시각에서 정원 감축의 지역별 안배 문제를 살펴보면, 1990년대 이후 비수도권 지역을 중심으로 대학 설립이나 정원 증원이 이루어져 비수도권 지역의 대학 정원이 대폭으로 증가한 것에 일정 부분 원인이 있다. 대학 수요의 가파른 증가가 있었던 시기에 공급 측면의 대응은 비수도권 대학을 중심으로 정원을 늘리는 것이었다. 그런데 학령인구 감소로 비수도권 지역 대학에 대한 수요가 크게 감소함에 따라 이들 대학을 중심으로 학생 수급의 문제가 시작된 것이다.

그러나 대학의 학생 수급 측면에서 진정한 문제는 앞으로 본격적으로 학생 수 감소가 시작될 것이며 그 규모도 상당히 크다는 것에 있다. 노무현 정부부터 시작된 대학 정원 조정은 많은 진통을 겪으며 이루어졌지만, 앞으로 본격화될 학령인구 감소는 이러한 정원 감축이 과연 어떤 의미가 있는 것인지 의문을 가지게 할 정도로 그 규모가 크다.

그림 9는 통계청의 장래인구 추계• 및 학생들의 대학 진학률을 기초로 2020년부터 2070년까지 4년제 대학 및 전문대학의 신입생 수를 추계한 결과를 나타낸다. 통계청에서는 주기적으로 미래인구에 대한 추계 결과를 내놓는데, 이는 정부의 각종 장기적인 정책을 수립하는 데 있어 중요한 토대 자료로 사용된다. 중위 추계는 미래의 출생, 사망, 인구 이동 등의 요소가 추계 작성 당시의 추세를 잘 반영할 경우의 인구이며, 저위 추계는 인구를 더 감소시키는 방향으로 추세가 변화할 때 실현될 것으로 예상되는 인구이다. 미래 각 해의 만 19세 추계인구에 예측 대학 진학률을 곱하면 각 해의 대학 신입생 수를 예측할 수 있다. 만 19세 인구 중 63.1%가 4년제 대학에

장래인구 추계: 통계청에서 인구주택총조사 결과를 기초로 출생, 사망, 국제 이동 등 인구 변동 요인을 반영하여 미래 각 연도의 인구를 예측한 결과를 주기적으로 발표하는데 이를 장래인구 추계라고 한다. 연금, 재정, 교육 정책 등 국가 중장기 정책 수립에 중요하게 활용된다.

| 그림 9 | 2020~2070년 4년제 대학 및 전문대 입학생 수 추계

가. 4년제 대학 신입생 수 추계

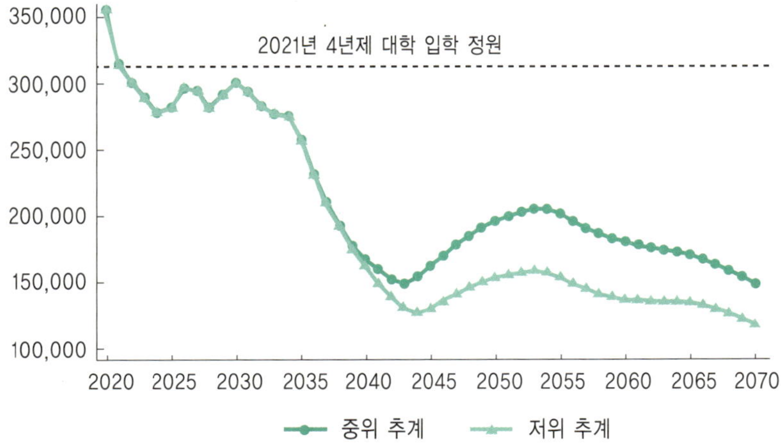

나. 전문대학 신입생 수 추계

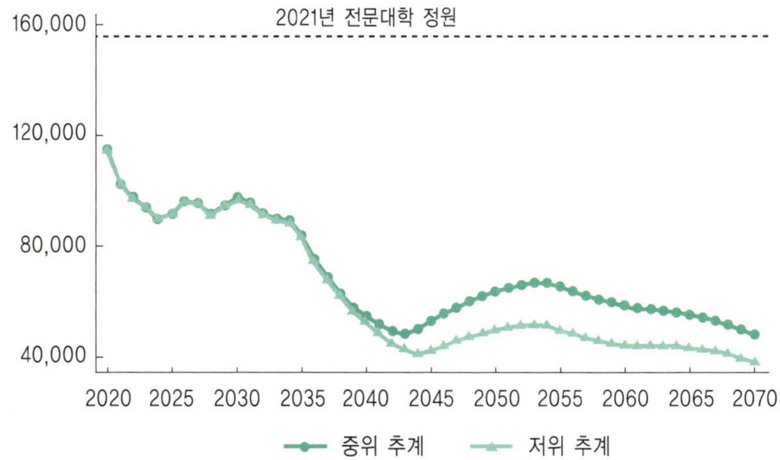

자료: 이철희·권정현·김태훈(2023).

진학하고 20.4%가 전문대학에 진학한다고 가정하였다. 이는 지역별 고용조사 자료에 나타난 연령별 대학 진학률의 최대치에 해당한다. 즉, 대학 진학률이 높은 수준으로 유지된다고 가정하고 학생 수를 예측하였다. 그림을 살펴보면 미래에 입학할 것으로 예상되는 신입생의 수가 2021년의 대학 정원 수준에 크게 못 미친다는 것을 확인할 수 있다. 특히 4년제 대학의 경우 2040년 초반에 이르면 2021년 입학 정원에 비해 신입생 수가 15만 명 이상 적을 것으로 예상된다.

2021년의 서울 지역 4년제 대학의 입학 정원이 72,467명이라는 것을 고려할 때 학생 수 감소 폭이 서울 지역 대학 정원의 2배를 상회할 정도로 매우 크다는 것을 알 수 있고, 정원 조정을 통해 문제를 해결하기가 쉽지 않은 상황임을 알 수 있다. 이러한 큰 폭의 학생 수 감소가 향후 수십 년간 지속될 것으로 예상됨에 따라 쉽게 이 문제에 대한 해결책을 찾기가 어려울 것으로 생각된다. 정부의 대학에 대한 재정지원 강화, 대학 경쟁력 강화를 통한 외국인 유학생 유치, 물가상승률 수준의 등록금 조정 인정, 부실 대학의 퇴출 등 대학 구조조정, 평생 교육 등 대학 교육에 대한 새로운 수요 창출 등 다각적인 차원에서 대응해 나가야 할 것으로 생각된다.

2

대학 교육의 수익

대학 교육의 수익 추정 방법

대학 교육의 금전적 수익

대학 교육의 비금전적 수익

대학 교육의 질에 따른 학력 프리미엄의 이질성

대학 교육의 수익 추정 방법

앞서 살펴본 자료들을 통해서 한국에서는 적어도 해방 이후부터 매우 많은 학생들이 대학에 진학하려고 하였음을 확인하였다. 왜 이렇게 많은 학생들이 대학에 진학하려고 하였을까? 사람들이 대학에 진학하려는 이유는 여러 가지가 있을 수 있지만, 가장 중요한 이유 중 하나는 대학에 진학해서 나중에 일하는 데 필요한 지식과 기술을 습득하여 원하는 직장에서 원하는 수준의 급여를 받으며 일하기 위함일 것이다. 즉, 교육은 인적자본•에 대한 투자로 이해할 수 있고, 교육을 통해 개인이 보유한 인적자본이 증대되고 그로 인한 생산성 향상으로 노동시장에서 받는 보상이 증가할 수 있다. 또한 생산성 향상 여부와 관계없이 대학 졸업장이라는 간판을 활용해서 좋은 직업을 얻기 위한 것일 수도 있다. 이처럼 대학에 진학하려는 동기는 대학 졸업 이후 얻게 될 것으로 기대되는 여러 가지 이득과 관련되어 있는데, 실제로 더 높은 수준의 교육을 받은 사람들이 높은 임금을 받고 좋은 직업에서 일하는 것은 여러 국가의 데이터에서 공통으로 관찰되는 현상이다.

인적자본: 개인이 가지고 있는 다양한 지식, 기술, 능력의 집합으로 노동 시장에서 개인을 더 생산적으로 만들어 주는 역할을 한다. 인적자본을 더 많이 보유한 개인이 더 높은 보상을 받을 수 있으며, 교육, 직업훈련 등을 통해 인적자본을 축적할 수 있다.

그러나 데이터에서 나타나는 대학 교육과 노동 시장 성과 간의 양의 상관관계•가 반드시 인과관계•라는 것을 의미하지는 않는다. 예를 들어, 일반적으로 대학에 진학하는 학생들은 그렇지 않은 학생들에 비해 대학 입학 시험이나 학교에서의 내신 등 성적이 높은 경우가 많은데, 대졸자와 비대졸자의 임금 차이는 대학 교육을 받기 이전의 인지능력 차이를 반영하는 것일 수 있다. 즉, 대졸자들이 대학 교육을 받지 않았더라도 높은 인지능력•에 대한 보상으로 고졸자보다 높은 임금을 받았을지도 모른다. 또한 성적으로 측정되는 인지능력뿐만 아니라 건강, 성실성이나 인내심과 같은 비인지적인 능력, 가정 환경 등에도 차이가 있을 수 있다. 대학 교육의 인과적인 효과를 밝혀낸다는 것은 이와 같은 다양한 요인들에 의한 영향을 제외하거나 통제하고 대학 교육이 임금에 미치는 순수한 효과를 찾아내는 것을 의미한다.

경제학에서는 상관관계와 인과관계의 차이를 오래전부터 인식하고 있었고, 변수들 사이의 단순한 상관관계를 넘어서 인과관계에 대한 추정은 이미 오래전부터 경제학의 실증 분석에서 핵심적인

상관관계: 두 변수가 가지는 관계의 방향과 정도를 나타냄.

인과관계: 다른 모든 변수들이 통제된 상태에서 한 변수의 변화가 다른 변수의 변화에 미치는 영향을 의미한다. 아이스크림 판매량과 에어컨 판매량은 양의 상관관계를 가질 가능성이 높다. 그러나 아이스크림 판매량이 에어컨 판매량과 인과적인 효과를 갖는다고 말하기는 힘들다. 예를 들어, 기온이라는 변수를 통제하면 아이스크림과 에어컨 판매량 사이의 양의 상관관계의 상당 부분은 사라질 가능성이 높다.

인지능력과 비인지능력: 인지능력은 지식, 이해력, 사고력, 비판적 사고, 창의력 등과 같은 정신능력을 말한다. 비인지능력은 인내심, 사회성, 정서적 능력, 절제력 등을 의미한다. James Heckman 교수는 개인의 삶과 노동 시장에서의 성공을 위해 인지능력 못지않게 비인지능력이 중요함을 강조한다.

주제가 되어 왔다. 사실 경제학 분야를 넘어서서, 다른 요인들의 영향을 통제한 상태에서 관심이 되는 설명 변수와 종속 변수의 원인과 결과의 양적인 관계를 밝히는 것은 과학적 탐구의 핵심이다. 경제학에서도 오랜 기간 인과관계 추정을 위한 다양한 계량경제학 기법들이 발전해 왔으며, 이러한 기법들을 적용한 실증 분석 연구들이 폭넓게 수행되어 왔다. 실제로 경제학에서 인과관계 분석의 중요성과 발전을 인정받아 2021년에 버클리 대학의 데이비드 카드, MIT의 조슈아 앵그리스트, 스탠포드 대학의 휘도 임번스 교수가 노동경제학 분야의 실증 연구에 대한 기여 및 인과관계 분석을 위한 방법론에 대한 기여로 노벨 경제학상을 공동 수상하였다.

이 장의 주제인 대학 교육의 노동 시장 효과를 밝혀냄에 있어, 대학 교육과 개인들의 노동 시장 성과 사이의 상관관계를 넘어 인과관계를 추정하는 것은 여러 가지 측면에서 중요한 의미를 갖는다. 실제로 노동경제학이나 계량경제학 교과서에서 교육의 수익률 추정은 경제 변수의 인과적 효과 추정을 위한 예로 가장 많이 등장하는 주제 중 하나이다 (Angirst and Krueger 1999; Heckman et al. 2006).

대학 교육의 인과적인 영향을 추정하는 것이 중요한 이유는, 만일 대학 교육과 노동 시장 성과 사이의 긍정적인 관계의 전부 혹은 대부분이 대학 교육으로 인한 효과가 아닌 다른 이유로 인한 것이라면 대학 교육은 사람들의 생산성을 향상시키는데 효과적인 방법이 아니라는 것을 의미하기 때문이다. 대학 교육을 위해서는 많은 개인적·사회적 지출이 필요한데, 대학 교육으로 인한 이득이 크지 않다면 대학 교육을 위해 많은 지출을 하는 것은 바람직한 행위가 아닐 것이다. 예를 들어, 대졸자들이 대학 교육 때문이 아니라 원래 여러 측면에서 더 뛰어난 능력을 가지고 있어서 높은 임금을 받는 것이라면, 구태여 4년이라는 시간을 사용하면서 높은 등록금을 지출하는 것은 합리적인 선택이 아닐 것이며, 정부에서 대학 교육에 많은 예산을 들여 지원하는 것 역시 타당한 예산 사용이 아닐 것이다. 반면에 대학 교육에 대한 투자로 인해 개인과 사회 모두 충분한 수익을 얻는다면 대학 교육을 위한 개인적·사회적 지출은 타당하다고 판단할 수 있다.

그러나 대학 교육의 인과적인 효과를 포함해서 사회과학에서 인과 효과를 추정하는 것은 중요하지만 어려운 일이다. 인과 효과를 추정하기 위한 가장 좋은 방법은 무작위 통제 실험으로, 무작위 통제 실험은 연구자가 실험 대상자들을 실험군과 대조군• 에 무작위로 배정하여 처치 효과(treatment effect)•를 분석하는 방법이다. 예를 들어, 대학 교육의 수익률 추정에서 처치 변수는 대학 교육을 이수하였는지 여부이고, 종속 변수는 임금이다. 실험군과 대조군이 무작위로 배정되었기 때문에 처치 여부를 제외한 두 집단의 다른 특성들은 평균적으로 비슷하게 된다. 따라서 실험군과 대조군 사이에 결과에 유의미한 차이가 존재한다면 이는 처치 여부의 차이에 의한 것으로 해석될 수 있다.

실험군과 대조군: 실험을 통해 어떤 조건이나 환경 변화의 효과를 분석할 때 그 조건이나 환경의 변화를 가한 집단을 실험군이라고 한다. 대조군은 실험군과의 비교를 위해 조건의 변화를 가하지 않고 그대로 둔 집단을 나타낸다.

처치 효과: 연구자가 인과 효과를 분석할 때 원인이 되는 변수로 상정하는 변수를 처치 변수, 결과를 나타내는 변수로 상정하는 변수를 종속 변수라고 한다. 처치 변수의 종속 변수에 대한 인과 효과를 처치 효과라고 한다.

무작위 통제 실험은 인과 효과를 추정하기 위해 좋은 방법이지만, 윤리적인 문제나 비용 문제 등으로 사회과학에서 무작위 실험을 할 수 있는 경우는 많지 않다. 예를 들어, 실험 참여자를 무작위로 나누어 실험군에 배정된 사람들은 대학 교육을 받게 하고 대조군에 배정된 사람들은 대학 교육을 받지 못하게 한 후 실험군의 대학 교육 이수 이후 두 집단의 임금 등의 노동 시장 성과를 비교하는 실험을 실제로 수행하기는 매우 어려울 것이다.

자연 실험: 제도, 정책, 역사적 사건 등이 만들어 낸 실험적 상황을 이용해서 인과 효과를 분석하는 방법.

무작위 실험이 가능하지 않을 때 인과 효과를 추정하는 한 가지 좋은 방법은 자연 실험적인 상황을 이용하는 것이다. 자연 실험•이란 제도, 정책, 역사적 사건 등이 만들어 낸 실험적 상황을 이용해서 인과 효과를 분석하는 것이다. 예를 들어, 어떤 두 집단의 사람들의 평균적인 특성은 유사하지만 한 집단의 사람들만 어떤 정책이나 제도의 영향을 받아서 대학 교육을 더 많이 받게 되었다면 이를 이용해서 대학 교육의 인과적인 효과를 추정할 수 있는 것이다. 무작위 통제 실험과 자연 실험 모두 핵심은 처치 여부 이외의 다른 특성들은 유사한 실험군과 대조군을 확보하는 것이다. 무작위 통제 실험은 연구자의 무작위 배정으로, 자연 실험은 정책이나 제도와 같은 외부적 요인에 의해서 자연적으로 실험군과 대조군으로 나누어지거나 처치 변수에 차이가 발생한다.

인과적인 측면에서 대학 교육의 수익률을 추정한 대표적인 해외 연구는 앞서 언급한 2021년 노벨 경제학상을 수상한 데이비드 카드의 대학과의 근접성을 이용한 연구를 들 수 있는데(Card 1995), 그는 대학이 있는 카운티에 거주하는 학생들이 그렇지 않은 학생들에 비해 대학교에 더 많이 입학하는 경향이 있다는 것을 발견하였다. 대학이 있는 카운티에 거주하는 학생들은 그 지역의 대학에 진학하면 부모님의 집에서 통학할 수 있어 생활비를 크게 절감시킬 수 있고 낯선 지역으로 떠나지 않아도 된다. 즉, 대학 진학을 위한 비용이 상대적으로 적게 들기 때문에 대학이 있는 카운티에서 자란 학생들이 대학 진학률이 높을 수 있다.

그는 또한 대학이 있는 카운티에서 자란 학생들이 성인이 되었을 때 받는 평균적인 임금도 높은 것을 발견하였는데, 그 원인은 이 학생들이 대학이 없는 카운티에서 자란 학생들에 비해 대학 교육을 받은 비율이 높기 때문으로 추론할 수 있다. 대학이 있는 카운티에서 자란 학생들과 그렇지 않은 학생들의 능력에 다른 차이가 있을 특별한 이유가 없지만, 대학에 대한 접근성과 그에 따른 비용의 차이로 인해 대학 진학률에 차이가 발생하고 이것이 성인기의 임금에 차이를 발생시킨다는 것이다. 이러한 자연 실험적인 방법에 의한 추정 결과, 대학이 있는 카운티에서 자란 학생들이 그렇지 않은 학생들보다 대학 교육을 1년 더 받을 때 임금이 약 12~14% 상승한다고 할 수 있다. 즉, 4년간 대학 교육을 받은 학생이 대학 교육을 전혀 받지 않은 학생에 비해 약 48~56% 높은 임금을 받는 것이다.

미국에서 주립 대학들의 등록금 및 거주지로부터 가장 인접한 대학과의 거리를 이용해서 대학 교육의 수익률을 추정한 연구도 존재한다(Kane and Rouse 1993). 이 연구 역시 카드의 연구와 마찬가지로 대학에 다니는 비용의 차이가 대학 교육을 받는 비율 혹은 확률에 영향을 미치며, 이것이 다시 임금에 영향을 미친다는 아이디어를 이용한 것이다. 주립 대학의 등록금이 낮을 때 높은 경우에 비해 평균적으로 더 많은 학생들이 대학에 진학할 것으로 예상할 수 있으며, 거주지에서 대학과의 거리가 가까운 학생들이 통학 비용이나 생활비가 더 적게 들고 그에 따라 대학에 더 많이 진학할 것으로 예상할 수 있다.

그러나 주립 대학에서 책정하는 등록금이나 거주지에서 대학까지의 거리는 학생 개인들의 능력과는 큰 관계가 없을 수 있다. 즉, 등록금의 차이나 대학과의 거리 차이가 가져오는 대학 진학률의 차이는 개인의 능력과 관계없이 자연적인 상황에서 나타나는 것이다. 따라서 등록금과 대학과의 거리 차이가 야기하는 성인기의 임금 차이는 대학 교육을 받았는지 여부에 따라 발생하는 것이며, 이를 이용해서 대학 교육의 임금에 대한 인과적인 영향을 추정할 수 있다.

한국에서 자연 실험적인 방법을 이용해서 대학 교육의 인과적인 효과를 추정한 연구는 Kim(2021)이 있는데, 이 연구는 한국의 대학 정원 정책과 코호트 규모의 연도별, 그리고 연도 및 지역별 차이를 이용해서 대학 교육의 노동 시장 성과에 대한 인과적인 효과를 추정하였다. 이 연구의 분석 방법을 간략하게 소개하면 다음과 같다.

앞서 제1장에서 살펴본 바와 같이, 한국에서는 코호트 규모와 대학 입학 정원에 의해 코호트별 대학 진학률이 크게 영향을 받는다. 예를 들어, 코호트 규모가 80만 명으로 동일한 두 코호트에 대해 대학에 입학하는 해에 대학 입학 정원이 30만 명이었던 코호트가 15만 명이었던 코호트보다 대학에 진학하기 수월하고 더 높은 비율의 학생들이 대학에 들어갈 수 있다. 또는 인접한 두 코호트에 대해 입학 정원이 유사해도 코호트 규모에 차이가 존재하면 규모가 작은 코호트에서 더 높은 비율의 학생들이 대학에 진학할 것으로 예상할 수 있다. 즉, 코호트별로 출생아 수와 정부에 의해 정해진 대학 입학 정원에 차이가 존재하는 것이 대학 교육의 효과를 추정할 수 있는 자연 실험적인 상황을 제공한다. 대학 입학 코호트별로 대학 진학 이전에 학생들이 가지고 있던 능력에 체계적인 차이가 존재한다고 볼 만한 근거는 뚜렷하지 않으며, 학생들의 전반적인 능력이 그 학생들이 속한 코호트의 출생아 수 대비 대학 입학 정원과 체계적인 관련을 가진다고 볼 만한 근거는 더더욱 없다. 따라서 코호트 규모 대비 대학 입학 정원이 컸던 코호트에서 그 비율이 작은 코호트에 비해 평균적인 임금 수준이 높다면, 이는 그 비율이 큰 코호트에서 운 좋게 더 많은 학생들이 대학에 입학할 수 있었기 때문이었다고 할 수 있으며, 이를 통해 대학 교육의 임금에 대한 인과적인 효과를 추정할 수 있다.

대학 교육의 금전적 수익

앞서 설명한 가설과 같이 코호트 규모 대비 대학

입학 정원과 대학 진학률이 실제로 유의미한 관계를 갖는지 여부는 데이터를 통해 검증해야 한다. 이러한 분석을 위해 적합한 자료로 고용노동부에서 제공하는 고용형태별 근로실태조사 임금 구조 부문을 들 수 있다. 이 자료는 1980년부터 원시 자료를 이용할 수 있어 긴 표본 기간에 대해 분석할 수 있고 표본 수가 많다는 장점을 갖고 있다. Kim(2021)은 1965년부터 대학 정원 자율화 정책이 본격화되기 전인 1995년까지 대학에 입학한 코호트에 대해 분석을 하였는데, 여기에서는 표본 집단을 확장해서 1965년부터 2009년까지 대학에 입학한 26세에서 62세까지의 남성을 대상으로 분석한 결과를 소개한다.

앞서 설명한 대학 교육의 임금에 대한 인과적 효과를 추정하는 방법을 실제 데이터에 적용해서 분석해 보자. 그림 10은 코호트 추세 효과를 제거한 코호트 규모 대비 대학 입학 정원과 대학 진학률을 나타낸다. 두 변수 모두 장기적으로 증가하는 추세가 있기 때문에 각각의 변수에 대해 추세 효과를 제거한 상태에서 두 변수의 변동을 비교한다. 그림을 살펴보면 코호트 규모 대비 대학 입학 정원이 추세보다 더 상승(하락)할 때 대학 진학률 추세보다 상승(하

| 그림 10 | 코호트 규모 대비 대학 입학 정원과 대학 진학률(추세 효과 조정)

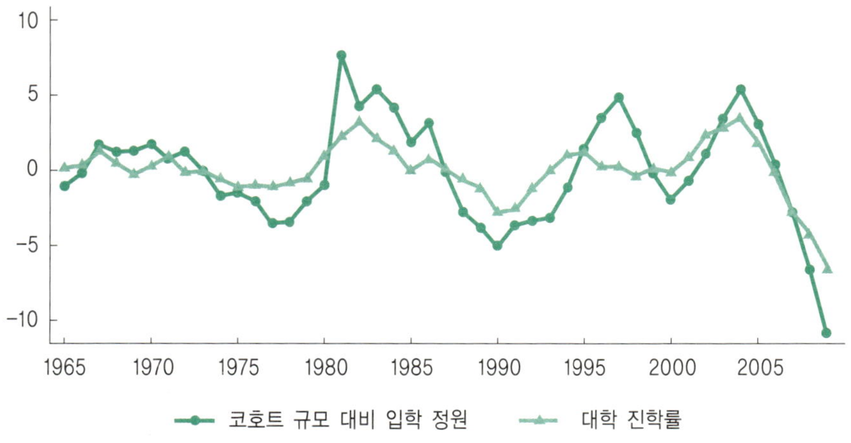

자료: Kim(2021)에서 기간을 확대함.

락)하는 경향이 있다는 것을 확인할 수 있고, 이는 두 변수들이 비슷한 방향으로 변동하는 경향이 있다는 것을 입증한다. 앞서 코호트 규모 대비 대학 입학 정원이 많은 코호트에서 대학 진학률이 높을 것이라고 예측하였는데 그 예측과 데이터가 보여 주는 사실이 정확히 일치한다.

그림 11은 코호트 규모 대비 대학 입학 정원과 로그 시간당 임금을 나타낸다. 앞서와 마찬가지로 시간적인 추세 효과는 제거하였다. 이 그림에서 주

| 그림 11 | **코호트 규모 대비 대학 입학 정원과 로그 시간당 임금(추세 효과 조정)**

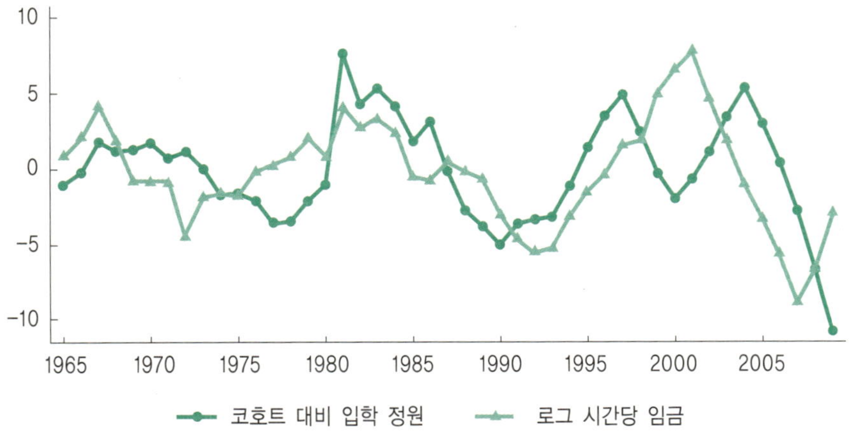

자료: Kim(2021)에서 기간을 확대함.

목해야 하는 것은 코호트 규모 대비 대학 입학 정원과 시간당 임금 역시 같은 방향으로 움직이는 강한 경향이 있다는 것이다. 코호트 간에, 특히 인접한 코호트 간에 평균적인 인지능력, 가정 환경, 건강, 성격 등 임금에 영향을 미칠 수 있는 요인들이 크게 달라지지 않을 것이라는 점에 비추어 보면, 코호트 규모 대비 대학 입학 정원이 높은 코호트에서 평균 임금이 높은 경향이 있는 것은 그 코호트에서 대학 진학률이 높기 때문인 것으로 추론할 수 있다. 이는 개인의 특성들과는 관계없는 대학 정원 정책과 코호트 규모에 의한 대학 진학률 증가가 임금 상승을 가져왔다는 것을 의미하는 것으로, 대학 교육이 임금에 인과적인 영향을 미친다는 증거가 될 수 있다.

데이터에서 나타난 위의 관계들을 이용해서 대학 졸업이 임금에 미치는 인과적인 영향을 추정할 수 있다. 예를 들어, 코호트 규모 대비 4년제 대학 입학 정원의 비율이 10% 포인트 증가할 때 4년제 대학 진학률이 4% 포인트 높아지고 평균적인 임금은 2.0% 증가한다면, 4년제 대학 교육이 임금을 약 50% 증가시킨다고 계산할 수 있다. 다른 조건이 동일한 상태에서 대학 진학률에서 4% 포인트의 차이가 있는 집단들 사이에 2.0%의 임금 차이가 존재한다면, 대학 진학률이 100%인 대졸자 집단의 평균 임금이 대학에 전혀 진학하지 않아 대학 진학률이 0%인 고졸자 집단의 임금보다 50% 높은, 즉 대졸 임금이 고졸 임금의 1.5배가 될 것이라고 생각할 수 있기 때문이다.

실제로 고용형태별 근로실태조사 자료를 이용해서 위의 방법을 통해 분석한 결과 4년제 대학을 졸업한 근로자들이 4년제 대학을 졸업하지 않은 근로자들에 비해 약 50~60% 높은 임금을 받는 것으로 나타난다. 대학 교육으로 인한 임금 상승률을 범위로 나타낸 것은 모형의 가정에 따라 추정 결과가 조금씩 달라지기 때문이다. 이러한 추정치는 인과적인 효과, 즉 다른 조건이 동일한 상태에서 순수하게 대학 교육을 받음으로써 상승하는 임금의 증가로 해석할 수 있다. 물론 이러한 결과는 대학 교육을 받으면 모두가 50~60%의 임금이 증가한다는 것을 말하는 것은 아니다. 대학 교육을 통해 높은 수준의 지식이나 기술을 습득한 학생들이 있을 수 있고, 그렇지 않은 학생들도 있다. 또한 높은 질의 교육을 제공하는 대학교에 다닌 학생과 그렇지 못한 대학교에 다닌 학생들의 임금 증가가 다를 수 있다. 대학 교육의 효과는 사람들마다 다를 수 있으며, 위의 수치들은 평균적인 효과로 이해될 수 있다.

분석 결과를 토대로 대학 교육이 경제적인 가치가 있는 투자인지 판단하기 위해 간단한 계산을 해보자. 이를 위해서는 대학 교육의 수익과 비용을 계산하고 수익이 비용을 상회하는지 살펴보아야 한다. 대학 교육을 받음으로써 발생하는 대표적인 비용은 등록금과 대학 교육을 받는 기간 동안 일을 하지 못함으로써 생기는 소득의 상실을 들 수 있다. 한국고용정보원이 발간한 『2020 한국의 직업정보』 보고서에 따르면 고졸 이하인 사람들의 초임 연봉은 2,363만 원이었다. 2021년 4년제 대학의 평균적인 대학 등록금은 약 670만 원인데, 이는 4년 동안 약 2,700만 원의 등록금을 내야 한다는 것을 의미한다. 물론 등록금 이외에 교재 구매 등 학업을 위한 다른 비용이 지출되었다면 등록금의 총합보다 높은 비용이 발생하였을 수 있고, 반대로 장학금 등을 통해 훨씬 적은 비용이 발생할 수도 있다. 그러나 연봉 상승을 고려한 4년간의 소득과 등록금 비용만을 고려하면 대학 교육의 비용은 대략 1억 3,000만 원 정도라고 할 수 있다. 대졸 임금이 고졸 임금보다 50% 높다면 매년 최소 1,180만 원 이상 높은 임금을 받는 것을 의미한다. 이는 다시 11년 이상 일하면 대학 교육을 위해 투자한 비용을 모두 회수할 수 있다는 것을 의미한다. 학교 졸업 이후 적어도 30년 이상 일하는 경우가 대부분이기 때문에 대학 교육의 비용을 차감하더라도 대학 교육을 받을 때의 총수입이 고등학교만 졸업하였을 때의 총수입을 크게 초과한다.

대학 교육의 비금전적 수익

지금까지 대학 교육이 임금 상승에 미치는 영향에 대해 살펴보았지만 사실 임금 이외에도 우리의 삶에 중요한 것들이 많이 존재한다. 예를 들어, 건강, 고용, 행복, 가족, 시민 의식 등은 우리의 삶에 중요한 영향을 미치는 요인들이다. 많은 해외 연구들은 교육 수준이 높을수록 건강 수준과 수명이 높다고 보고하고 있으며, 건강에 이로운 행동들을 더 하는 경향이 있다고 보고하고 있다(Cutler and Lleras-Muney 2006; Lleras-Muney 2005). 예를 들어, 교육 수준이 높을수록 흡연율이 낮으며(De Walque 2007) 운동을 더 하고 술을 덜 마신다는 연구들이 존재한다(Brunello et al. 2016).

건강에 대한 효과 이외에도 교육 수준이 높을수록 범죄를 저지를 확률이 낮아지며(Lochner and Moretti 2004), 투표율이 높고 표현의 자유를 지지하는 등 시민 의식이 높다고 보고하는 연구들이 존재한다(Dee 2004). 교육은 본인의 건강뿐 아니라 자녀의 건강에도 영향을 미칠 수 있다. 어머니가 교육 수준이 높을수록 아이의 출생체중과 재태주수로 측정한 신생아 건강이 향상되는 경향이 있다는 연구 결과도 존재한다(Currie and Moretti 2003). 또한 교육 수준이 높을수록 배우자의 교육 수준이 높고 이혼할 확률이 낮아진다(Oreopoulos and Salvanes 2011). 이 연구들은 모두 인과관계 추정을 위한 방법들을 사용하여 분석한 결과들이어서 교육이 실제로 삶에서 다양한 결과들을 개선하는 효과가 있다는 것을 데이터를 통해 입증하고 있다. 또한 교육의 효과를 임금 등 노동 시장 성과에 제한해서 살펴보는 것은 교육의 이득을 과소평가할 수 있음을 시사한다.

한국의 데이터를 인과관계 추정 방법을 이용해서 분석한 Kim(2021)의 연구에서는 대학 교육을 받은 사람들이 그렇지 않은 사람들에 비해 임금 이외에도 직장에서 국민연금, 건강보험, 고용보험 등 각종 사회보험의 혜택을 받고 있는 비율이 훨씬 높았다. 또한 출산 및 육아 휴직 등의 부가적 혜택이 많다고 보고하고 있다. 대학 교육을 받은 사람들이 임금 이외에도 복지 등 여러 측면에서 더 좋은 직장에서 일할 가능성이 높은 것이다. 그 이외에도 대학 교육을 받은 사람이 그렇지 않은 사람에 비해 삶에 대한 만족도와 직업에 대한 만족도가 높으며 주관적 건강이 훨씬 좋은 것으로 나타난다. 인과관계 분석 방법을 이용해서 추정한 결과 대학 교육을 받은 사람이 그렇지 않은 사람에 비해 삶에 만족하고 있다고 응답한 비율이 52.4% 포인트 높았고, 스스로 건강하다고 생각하는 비율이 44.5% 포인트 높았다.

한국 사회에서 대학 교육에 대한 회의적인 시각도 광범위하게 존재하지만, 사람들이 행동으로 실제로 보여 준 선택은 대학 교육을 받는 것이었으며, 결과 측면에서도 대학 교육이 개인들의 삶에 다양한 측면에서 긍정적인 영향을 미쳤다는 것은 데이터가 보여 주는 사실이다. 대학에 진학하려는 학생·학부모의 선택을 학벌주의의 소산이나 맹목적인 교육열의 결과로 이해하는 경우가 많지만, 데이터가 보여 주는 대학 교육으로 인한 광범위한 이득은 대학 교육을 받으려는 사람들의 강한 동기와 선택이 합리적 성격을 가졌음을 시사한다.

대학 교육의 질에 따른 학력 프리미엄의 이질성

과거 대학 입학 정원이 낮게 설정되어 대학 진학률이 낮던 시기에는 대학 입학 자체가 쉬운 일이 아니었고 대학 입학을 위한 경쟁이 치열하였다. 지금은 학령인구 감소로 대학에 입학하는 것 자체는 어려운 일이 아니지만 좋은 대학에 들어가는 것은 어렵고 경쟁은 여전히 치열하다. 지금이나 대학에 입학하기가 어려웠던 시대나 모두 대학에 서열이 존재하였고 상위권 대학에 입학해야 더 큰 보상이 뒤따른다는 믿음이 있었다. 앞서 우리가 분석한 대학교육의 수익은 전체 대학 졸업자들에 대한 평균적인 대학 프리미엄을 나타낸다. 과연 더 좋은 대학에서 공부하면 더 큰 학력 프리미엄이 발생할까?

그런데 앞서 학력 프리미엄을 추정할 때와 마찬가지로 더 좋은 대학과 덜 좋은 대학의 프리미엄을 인과적인 의미에서 추정하는 것에는 어려움이 존재한다. 일반적인 경우에 더 좋은 대학에 들어가는 학생들이 덜 좋은 대학에 들어가는 학생들보다 내신이나 대학 입학 시험에서 더 높은 성적을 거두었을 것이기 때문이다. 즉, 상위권 대학을 졸업한 사람들이 하위권 대학을 졸업한 사람보다 높은 임금을 받는다고 하더라도 이것이 그들이 상위권 대학을 졸업하였기 때문인지 아니면 대학을 입학하기 전부터 더 뛰어난 능력을 가지고 있었기 때문인지 분간해

내기는 쉽지 않은 일이다.

외국에서는 회귀-불연속 디자인(regression discontinuity design)•이라는 방법을 사용해서 상위권 대학 진학의 인과적 효과를 추정한 연구들이 존재한다. 이 연구들은 대학 합격 커트라인을 이용해서 상위권 대학 입학의 인과적인 효과를 추정하였다. 예를 들면, 어떤 해에 대학 입학 시험의 최상위권 대학인 대학 A의 합격선(커트라인)이 350점이었다고 가정하자. 입학 시험 점수가 350점 이상인 학생들은 이 학교에 입학하고 그렇지 못한 학생들은 입학하지 못하기 때문에 이 학교에 입학하는 학생들과 입학하지 못하는 학생들의 평균 성적에는 차이가 존재한다. 따라서 대학 A에 입학한 사람들과 그렇지 못한 사람들의 임금을 비교하는 것은 대학 A에서의 교육의 효과인지 아니면 대학 A에 입학하였던 사람들이 원래 평균적으로 더 뛰어난 인지능력을 가졌기 때문인지 알기 어렵다.

회귀-불연속 디자인: 점수나 연령 등 어떤 변수의 특정한 경계점을 기준으로 처치(treatment)를 받는지 안 받는지가 결정될 경우 이를 이용해서 처치 효과 혹은 인과 효과를 추정하는 방법.

하지만 350점을 받아서 대학 A에 입학한 사람들과 349점을 받아서 대학 A가 아닌 다른 대학에 입학한 사람들의 임금을 비교하면 어떨까? 이 두 집단은 입학 시험에서 성적이 고작 1점밖에 차이가 나지 않

| 그림 12 | SAT 성적과 로그 임금

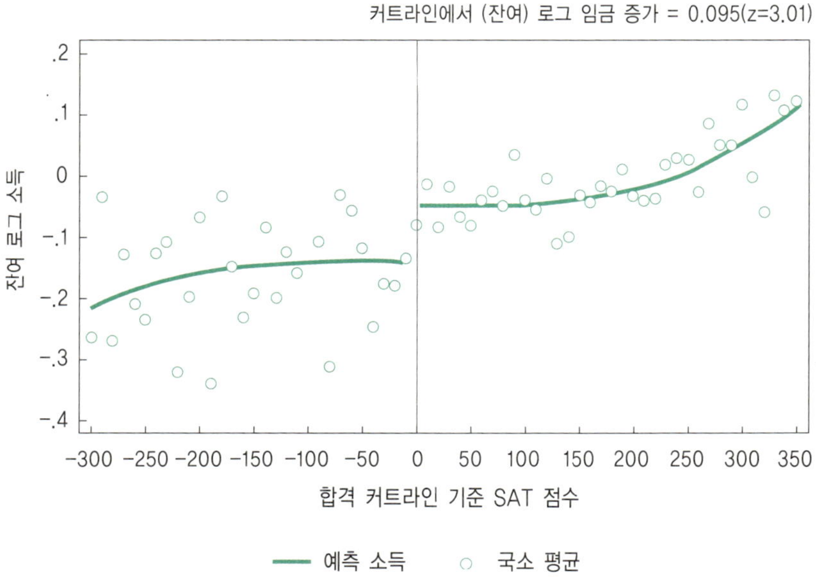

자료: Hoekstra(2009)의 그림 2.

았다. 그럼에도 불구하고 이 두 집단의 평균적인 임금에 큰 차이가 존재한다면 이는 대학 A 입학의 효과라고 생각할 수 있을 것이다. Hoekstra(2009)는 이런 방법을 사용해서 SAT 점수가 합격 커트라인을 약간 넘겨서 미국의 주별 대표 주립 대학교(flagship state university)에 입학할 수 있는 사람들의 소득과 커트라인 점수보다 약간 낮은 점수를 받아서 대부분이 덜 좋은 주립대에 입학한 사람들의 소득을 비교하였다. 그림 12가 보여 주는 것처럼 대표 주립 대학교 입학의 SAT 커트라인 근처에서 임금의 불연속적인 증가를 발견할 수 있다. 대표적인 주립 대학교 입학의 효과가 없다면 SAT 점수에 따라 임금이 인지능력의 차이를 반영하여 다른 지점들처럼 연속적으로 변하였을텐데 대표 주립대 입학의 효과로 커트라인 근처에서 임금의 점프가 발생하는 것이다. Hoekstra (2009)는 커트라인 근처에서 약 20%의 임금 점프가 있고, 이것이 약간 더 낮은 주립 대학교 입학에 비하여 대표 주립 대학교 입학이 가져다주는 임금 프리미엄인 것으로 해석하였다. 이는 대학에 따라 대학의 프리미엄이 달라질 수 있다는 것을 입증하는 연구이다.

3

학력 프리미엄의 변화

- 근로자 학력 구성 및 학력 프리미엄의 변화
- 임금 구조에 대한 수요-공급 모형
- 데이터를 이용한 학력 프리미엄의 변화 분석
- 가상적 정책 실험

근로자 학력 구성 및 학력 프리미엄의 변화

앞서 살펴본 바와 같이 한국에서 대학 교육을 받은 사람의 수는 비약적으로 증가해 왔고, 노동 시장에서 대학 교육을 받은 근로자의 비중 역시 크게 증가해 왔다. 이는 노동 시장에 있는 근로자들의 인적 구성이 크게 변화해 왔다는 것을 의미하는 것으로, 그에 따라 한국 노동 시장에서 학력 프리미엄 역시 크게 영향을 받았다. 우리가 많은 관심을 가지고 있는 임금 불평등이나 임금 분포 역시 학력 프리미엄과 밀접하게 관련되어 있다. 특히 1960~1970년대의 인적자본 이론의 획기적인 발전 이후 학력별 임금 격차에 대한 관심이 크게 증가하였다(Katz and Autor 1999). 한국에서 대학 교육의 확대와 관련하여 이 책에서의 주된 관심사는, 한국의 노동 시장에서 근로자들의 학력 수준이 크게 신장되어 감에 따라 학력 프리미엄 혹은 학력별 임금 격차가 어떻게 변화해 왔는지 이해하는 것이다.

학력 프리미엄의 변화를 설명하는 핵심적인 분석 틀은 수요와 공급, 그리고 노동 시장 제도이다. 기본적으로 근로자가 보유하고 있는 기술이나 지식 수준에 대한 수요와 공급이 그 기술에 대한 가격을 결정한다. 예를 들어, 고학력 근로자들에 대한 수요는 많은 반면에 고학력 근로자들의 공급이 적다면, 고학력 근로자들이 가지고 있는 기술 및 지식에 대한 보상 수준은 높아질 것이다. 그러나 노동 시장 제도에 따라 수요와 공급이 가격에 영향을 미치는 방식과 정도가 달라질 수 있고 노동 시장 제도 그 자체가 가격에 영향을 줄 수도 있다. 예를 들어, 최저임금 제도•는 저임금·저학력 근로자들의 임금을 시장 임금 수준보다 높게 형성시킬 수 있다. 학력 프리미엄의 변화에 대한 분석과 관련하여 근로자의 기술 및 지식 수준은 교육 수준에 따라 구분하는데, 여기에서는 대졸자와 고졸자로 근로자들을 구분하고, 학력 프리미엄은 고졸 이하 근로자의 임금 대비 대졸 이상 근로자의 상대 임금을 나타낸다.

긴 시계열을 가진 데이터를 이용해서 우리 경제에서 학력별 임금 격차가 어떻게 변화해 왔는지 살펴보자. 그림 13은 고용형태별 근로실태조사 임금부문 자료를 이용해서 1980년부터 2014년까지 로그로 나타낸 고졸 근로자 대비 대졸 근로자의 상대 임금의 추이를 보여 준다.• 단, 35년의 기간 동안 근로

최저임금 제도: 국가가 노사 간의 임금결정 과정에 개입하여 임금의 최저 수준을 정하고, 사용자에게 이 수준 이상의 임금을 지급하도록 법으로 강제함으로써 저임금 근로자를 보호하는 제도(최저임금위원회).

대졸-고졸 상대 임금과 대졸-고졸 상대 노동 공급: 대졸-고졸 상대 임금이나 상대 노동 공급은 각각 고졸 근로자 임금 대비 대졸 근로자 임금과 고졸 근로자 총노동 공급 대비 대졸 근로자 총노동 공급을 나타낸다. 그런데 상대 임금과 상대 노동 공급을 로그로 나타내는 것은 이들을 로그로 변환하면 이들의 관계를 분석할 때 상대 노동 공급이 1% 변화할 때 상대 임금이 몇 %가 변화하는지, % 변화를 기준으로 관계를 나타낼 수 있게 되기 때문이다.

| 그림 13 | 고졸 근로자 대비 대졸 근로자의 로그 상대 임금

자료: Kim(2017).

자들의 성별, 학력, 경력 수준의 인적 구성이 변화해 왔을 것이기 때문에 통계적인 조정을 통해 동일한 인적 구성하에서 상대 임금의 변화를 나타냈다(Katz and Murphy 1992; Autor, Katz, and Kearney 2008). 그림을 보면, 1980년부터 1987년까지 대졸 근로자 임금이 고졸 근로자 임금의 약 2.4배를 상회할 정도로 대졸 근로자의 상대 임금은 매우 높은 수준을 유지하였다. 이는 앞서 박정희 정부 시기에 대학 입학 정원의 억제로 노동 시장에 대졸자 공급이 충분하지 못하였다는 평가와 일치하는 결과이다. 대졸자의 공급이 수요에 비해 충분히 증가하지 못함에 따라 이들의 임금이 이처럼 높은 수준에 이르렀을 가능성이 높다. 1988년부터 1994년까지 대졸 근로자의 상대 임금은 매우 급격히 감소하였다. 이는 1981년 졸업정원제의 실시로 대학 입학생이 약 30% 증가한 이후 남성들이 재학 중 군 복무를 마치고 대학 졸업 이후 노동 시장에 진입하기 시작하는 시점과 일치한다. 1994년에는 대졸 근로자의 임금이 고졸 임금의 약 1.85배로 감소하였다. 1995년부터 2014년까지는 오르고 내리는 부침이 있지만 전반적으로 큰 변화 없이 안정적인 수준을 유지하고 있다. 다만 2010년 이후에는 대졸자의 상대 임금이 이전보다 약간 감소하는 경향이 발견된다.

학력별 임금 격차 등 특정한 인구집단 간의 임금 격차를 넘어 사회의 전반적인 임금 불평등도를 측정하는 대표적인 지표 중 하나로 분위별 임금의 격차를 들 수 있다. 그림 14는 90-10 임금 격차, 90-50 임금 격차, 50-10 임금 격차를 보여 주고 있는데 이들은 각각 임금 분위 상위 10%와 하위 10%의 임금 격차, 상위 10%와 중위 임금의 격차, 중위 임금과 하위

| 그림 14 | 임금 분위별 임금 격차 추이

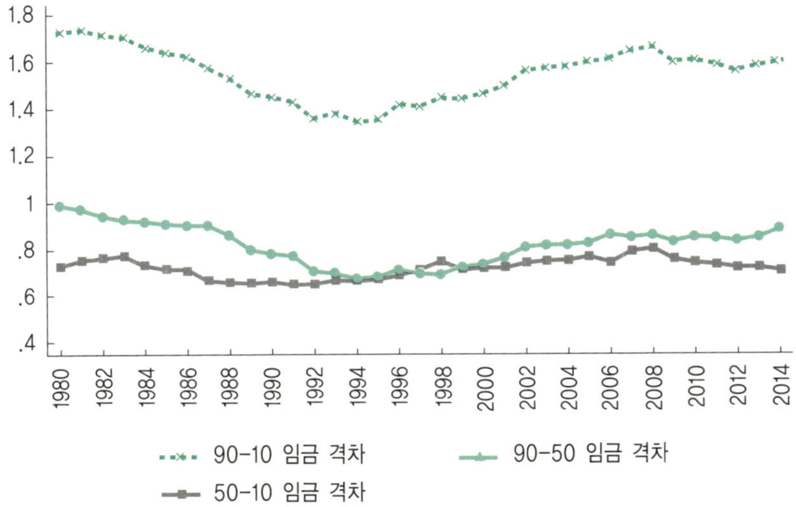

자료: Kim(2017).

10%의 임금 격차를 나타낸다. 90-10 임금 격차와 90-50 임금 격차의 경우 학력별 임금 격차와 유사한 형태로 변화한 측면이 있다. 즉, 두 지표 모두 1980년부터 1990년대 초까지는 하락 추세를 보인다는 점에서는 학력별 임금 격차의 추세와 유사하다. 다만 학력별 임금 격차의 경우 1990년대 중반 이후 정체 혹은 약한 감소 추세를 보이지만 90-10 및 90-50 임금 격차는 증가 추세를 보인다. 고숙련·고임금 근로자들의

임금을 상승시키는 구조적인 변화가 최소한 1990년대 중반 이후로는 꾸준히 진행되어 온 것으로 추론된다. 그림 13에 나타난 학력별 임금 격차의 변화와 그림 14의 분위별 임금 격차의 변화 추이가 유사한 형태를 가지는 측면이 있기 때문에, 학력별 임금 격차에 대한 분석은 전반적인 임금 불평등도의 변화에 대한 분석과 밀접한 관련을 갖는다는 것을 확인할 수 있다.

그림 15는 1980년부터 2014년까지 고졸 근로자 대비 대졸 근로자의 로그 상대 노동 공급과 상대 임금을 나타낸다. 그림 3이 25~65세 인구에서 대학 교육을 받은 사람의 비율을 나타낸다면, 그림 15에 나타난 네모들로 표현된 로그 상대 노동 공급은 고졸 근로자의 총노동 시간 대비 대졸 근로자의 총노동 시간을 로그값으로 표현한 것이다. 원들은 그림 13에 있는 로그 상대 임금을 그대로 나타낸 것이다. 상대 노동 공급의 변화를 먼저 살펴보면, 사회 전반에서 대학 교육을 받은 사람들의 증가를 반영하여 노동 시장에서도 대졸 근로자에 의한 노동 공급이 비약적으로 증가하였다. 반면에 상대 임금은 1980년부터 2014년까지 전반적인 하락 추세를 보이고 있다.

| 그림 15 | 고졸 근로자 대비 대졸 근로자의 로그 상대 임금과 로그 상대 노동 공급

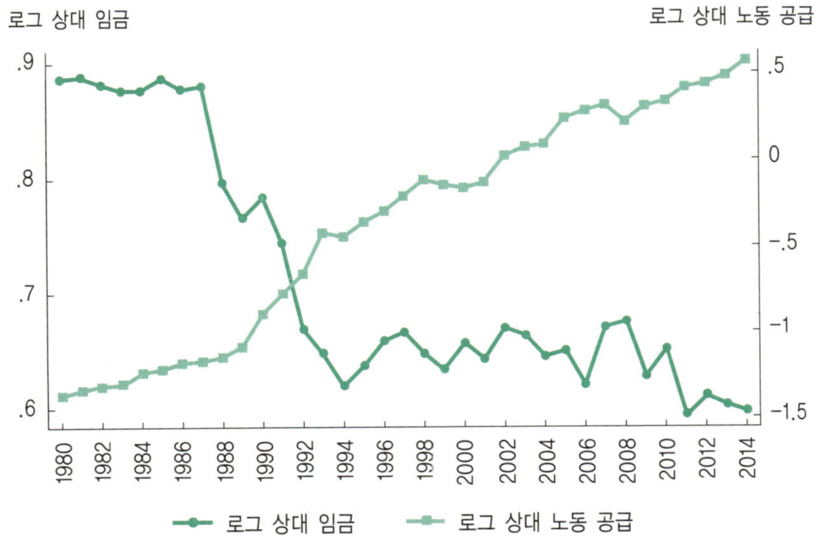

자료: Kim(2017).

즉, 이 그림은 고졸 근로자 대비 대졸 근로자의 상대 임금과 상대 공급이 역의 상관관계를 갖는다는 것을 보여 준다. 특히 1980년부터 1990년대 중반까지 대졸 근로자의 상대 임금 감소는 해당 기간에 나타난 대졸 근로자의 상대 공급의 급격한 증가에 의해 상당 부분 설명이 될지도 모른다.

그러나 1990년대 중반 이후에도 대졸 근로자의 상대 공급은 계속 가파르게 증가해 왔지만 대졸 근로자의 상대 임금은 더 이상 가파르게 감소하지 않았다. 1990년대 중반 이후 학력별 임금 격차의 추이는 대졸 근로자의 상대 공급의 변화만으로는 설명하기 어려우며 상대 수요나 다른 요인의 변화에 대한 이해가 필요하다. 90-10 및 90-50 임금 격차의 변화 추세와 마찬가지로 1990년대 중반 이후에는 고숙련·고학력 근로자들의 임금을 상승시키는 방향으로 수요 변화가 진행되었을 가능성이 높은 것으로 판단된다. 즉, 해당 시기에 대졸자에 대한 상대 수요 증가와 상대 공급 증가가 서로 팽팽하게 균형을 이루어 대졸자의 상대 임금이 정체 상태에 머물렀을 가능성이 크다.

임금 구조에 대한 수요-공급 모형

앞서 데이터를 이용해서 작성한 그래프를 통해 한국에서 학력별 임금 격차와 임금 불평등도가 어떻게 변화해 왔는지 살펴보았다. 그리고 이러한 임금 구조의 변화가 노동 시장에서 나타난 수요와 공급의 변화에 의해서 일정 부분 설명될 수 있음을 보였다. 여기에서는 노동 시장의 수요와 공급 모형이 어떻게 임금 구조 변화를 더 정교하게 설명할 수 있는지 살펴보도록 한다. 우선 경제학에서는 노동 시장의 학력 프리미엄의 변화를 설명하기 위한 좋은 이론들을 만들어 왔는데, 그 이론들에 대해서 먼저 설명하기로 한다.

해외의 선행 연구들은 미국에서 적어도 1950년대부터 지난 70여 년간 대졸 근로자와 같은 고숙련 근로자들에 대한 상대 수요를 증가시키는 방향으로 노동 시장의 변화가 있었다고 주장하고 이를 근거를 통해 입증하고 있다(Goldin and Katz 2010). 고숙련 근로자들의 상대 수요가 증가해 온 이유는 크게 3가지를 들 수 있는데, 첫째로 고숙련 근로자들의 생산성을 저숙련 근로자들보다 더 높이는 방향으로 기술 변화가 있었기 때문이다. 이를 숙련 편향적 기술 진보(skill-biased technological change)•라고 부른다. 예를 들어, 1980년대부터 컴퓨터가 작업장에 도입되고 확대됨에 따라 높은 수준의 문제 해결 능력을 가진 고학력 근로자들의 생산성이 증가하고 그들에 대한 수요가 크게 증가하였다. 컴퓨터의 발전으로 컴퓨터를 사용하는 전문직, 연구·개발자, 사무직 근로자들의 생산성은 크게 향상된 반면, 육체 노동을 위주

숙련 편향적 기술 진보: 저숙련 근로자 대비 고숙련 근로자들의 생산성을 향상시켜 그들에 대한 상대 노동 수요를 증가시키는 기술 변화.

로 하는 근로자들은 생산성에 별다른 변화가 없었을 수 있다. 경제학에서는 생산성이 임금에 반영된다고 보기 때문에 이러한 변화는 고학력 근로자들에 대한 수요를 늘리고 이들의 임금을 증가시키는 방향으로 영향을 미쳤을 것으로 예상할 수 있다.

숙련 편향적 기술 진보의 다른 원인으로 자본이 심화됨에 따라 고숙련 근로자들의 생산성이 더 크게 향상되는 것을 들 수 있다. 이는 자본의 성격이 자본과 고숙련 근로자들은 생산에 있어서 더 보완적이고(capital-skill complementarity)• 저숙련 근로자들과는 대체적이기 때문에 나타난다. 기업들의 자본·장비가 심화됨에 따라 고숙련 근로자들의 생산성이 증가하고 그에 따라 이들에 대한 수요가 증가하게 된다. 그러나 저숙련 근로자들에 대해서는 자본·장비가 이들의 노동을 대체하기 때문에 자본의 심화로 저숙련 근로자들에 대한 수요는 오히려 감소할 수 있다(Griliches 1969; Krusell et al. 2000).

두 번째로, 국제 무역에 의한 설명이다. 저개발국과의 교역은 저숙련 근로자들이 생산하는 상품들에 대해 수입 경쟁을 야기하고, 이에 따라 저숙련 근로자들에 대한 수요가 감소할 수 있다.

자본과 숙련 노동의 보완성: 어떤 생산 요소의 가격이 감소할 때 다른 생산 요소에 대한 수요가 증가하는 경우 두 생산 요소는 보완적인 관계라고 한다. 어떤 생산 요소의 가격이 감소할 때 반대로 다른 한 생산 요소에 대한 수요가 감소할 경우 두 생산 요소는 대체적인 관계라고 한다. 경제학의 실증 연구는 자본재와 숙련 근로자들이 보완적이고 자본재와 비숙련 근로자들은 대체적인 관계라는 것을 밝혀왔다. 즉, 자본재의 가격 하락으로 인해 자본의 고용이 늘어나면 숙련 근로자에 대한 수요는 늘어나고 저숙련 근로자에 대한 수요는 감소하게 된다. 그 결과 숙련 근로자와 저숙련 근로자의 임금 격차는 확대될 수 있다.

마지막으로, 실질 최저임금의 감소나 노조 조직률의 감소는 저숙련 근로자들의 임금을 감소시킬 수 있다. 따라서 한국에서도 숙련 편향적 기술 진보 등 미국과 비슷하게 상대 수요의 변화가 있었다면 한국에서도 고학력 근로자들의 수요를 증가시키는 방향으로 상대 수요의 변화가 있었을 수 있다.

노동 시장에서의 수요 및 공급과 더불어 임금 결정에 중요한 영향을 미치는 것은 노동 시장의 제도이다. 노동 시장 제도와 관련하여 그림 15에서 주목할 만한 점은 1988년에 대졸 근로자의 상대 노동 공급이 다른 시기와 비교하여 특별히 급격하게 증가한 것은 아님에도 불구하고 상대 임금은 매우 급격하게 감소하였다는 것이다. 1987년 6.10 민주 항쟁 이후 노동 시장 제도에도 큰 변화가 생겼는데, 1987년 대규모 노동운동 이후 노조 조직이 빠르게 확대되었고 1988년에 최저임금법이 도입되었다. 이러한 변화들은 주로 고졸 이하의 학력을 가진 블루칼라 직종 근로자들의 임금 상승을 가져오는 것이었다. 그림에 나타난 1988년의 학력별 임금 격차의 감소는 일정 부분 이러한 노동 시장 제도의 변화를 반영한 것일 가능성이 크다.

경제학에서는 임금 구조 및 그 변화를 설명할 수 있는 수리적인 모형을 만들고 어떤 요인이 임금 구조 변화에 얼마나 중요한 역할을 하였는지 계산하는 정량적인 분석들을 수행해 왔다. 대표적으로 Katz and Murphy(1992)는 대졸 근로자와 고졸 근로자의 상대 임금을 상대 공급과 수요의 관계를 통해 체계적으로 실증 분석한 중요한 연구를 수행하였다. Heckman, Lochner, and Taber(1998)는 생산함수 식에서 도출된 회귀방정식을 통해 이러한 관계들을 더욱 명료하게 표현하였는데, 이러한 모형을 이용하면 고졸 근로자 대비 대졸 근로자의 상대 임금이 어떻게 결정되는지 훨씬 분명하게 이해할 수 있다. 다만 여기에서는 수리적 모형을 이용하기보다 그림을 이용해서 직관적으로 설명하기로 한다.

모형의 핵심적인 내용은 대졸-고졸 근로자의 상대 임금이 이들에 대한 상대 노동 수요와 상대 노동 공급에 의해서 결정된다는 것이다. 그림 16을 통해 이 사실을 확인할 수 있는데 노동 시장에서 최초의 상대 수요와 공급이 상대 수요 1과 상대 공급 1이었다면 균형은 A에서 결정되고 이에 따라 상대 임금이 결정된다. 그런데 상대 공급에는 변화가 없는 상태

| 그림 16 | **대졸-고졸 근로자의 상대 수요-공급 모형**

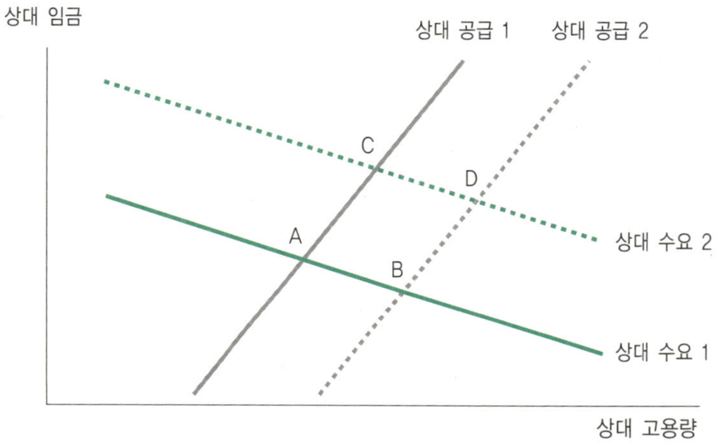

자료: 저자 작성.

에서 숙련 편향적 기술진보와 같은 변화로 고졸 근로자 대비 대졸 근로자에 대한 상대 노동 수요가 상대 수요 1에서 상대 수요 2로 증가하면 새로운 균형은 C에서 결정이 되고 이에 따라 대졸 근로자의 상대 임금이 상승하게 된다. 마찬가지로 상대 수요에는 변화가 없는 상태에서 대학 입학 정원의 증가로 수년 후 고졸자 대비 대졸자의 상대 공급이 증가하면 상대 노동 공급은 상대 공급 1에서 상대 공급 2로 증가하고 그에 따라 새로운 균형은 B에서 결정된다. 균형 A에서 B로 옮겨 감에 따라 대졸자의 상대 임금은 감소함을 확인할 수 있다.

이러한 간단한 모형을 통해 상대 노동 공급과 상대 노동 수요의 변화에 따라 상대 임금이 증가할지 혹은 감소할지에 대해 알 수 있다. 그러나 이러한 그래프 모형을 통해서 상대 임금의 변화의 방향에 대해서만 알 수 있다는 점에서 이는 정성적인 분석이라고 할 수 있다. 경제학에서는 정성적 분석에서 더 나아가 어떤 주어진 크기의 상대 노동 공급이나 노동 수요가 변화할 때 상대 임금이 '얼마나' 변화할 것인지에 관심을 가지는데, 이를 정량적인 분석이라고 한다.

주어진 크기의 상대 노동 공급이 변화할 때 상대 임금이 얼마나 감소할 것인지는 그래프에서 보면 상대 수요곡선의 기울기와 관련이 있다. 상대 수요곡선의 기울기가 완만하면 주어진 상대 공급의 증가에 대해 상대 임금의 감소가 작고, 수요곡선의 기울기가 가파르면 같은 크기의 상대 공급의 증가에 대해 상대 임금이 크게 감소한다. 상대 수요곡선의 기울기는 대졸 근로자와 고졸 근로자의 대체 가능성에 달려 있다. 대졸 근로자의 노동이 고졸 근로자에 의해 쉽게 대체 가능하면 수요곡선의 기울기가 완만하고 주어진 상대 공급의 변화에 대해 상대 임금의 변화가 작고, 대체가 어려울수록 수요곡선의 기울기가 가파르고 상대 공급의 변화에 대해 상대 임금의 변화가 크게 된다. 수요곡선의 기울기가 실제로 얼마나 가파른지는 데이터를 통해서 추정해야 한다.

데이터를 이용한 학력 프리미엄의 변화 분석

실제 노동 시장에서의 학력별 임금 격차가 앞서 설명한 모형에 의해 얼마나 설명될 수 있는지 데이터를 통한 실증적인 분석이 필요하다. 즉, 한국의 노동 시장 데이터를 이용해서 상대 수요와 상대 공급의 변화가 상대 임금에 어떻게, 그리고 얼마나 변화를 가져왔는지 분석할 필요가 있다. 우선 대졸-고졸 근로자의 상대 노동 공급과 상대 임금의 분명한 관계는 그림 17에서 확인할 수 있다. 상대 노동 공급과 상대 임금 모두 특유의 시간 추세를 가질 수 있기 때문에 그림 17에서는 이러한 시간 추세를 제거한 상대 노동 공급과 상대 임금을 나타냈다. 즉, 그림 13이 상대 임금과 상대 노동 공급을 데이터에 있는 그

| 그림 17 | 시간 추세를 제거한 대졸-고졸 근로자의 상대 노동 공급과 상대 임금

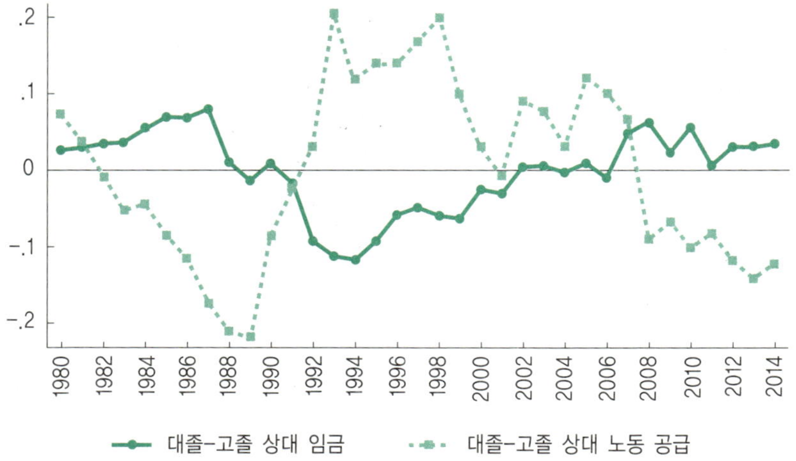

자료: Kim(2017).

대로 나타낸 반면에 그림 17은 여기에서 각자의 시간 추세를 제거한 상대 임금과 상대 노동 공급을 보여 준다.

그림은 상대 노동 공급과 상대 임금이 역의 관계를 가지고 변화한다는 것을 더 명확하게 보여 준다. 즉, 상대 노동 공급이 추세보다 높은 수준에 있을 때 상대 임금은 추세보다 낮은 수준에 있고, 상대 노동 공급이 추세보다 낮은 수준에 있을 때 상대 임금은 추세보다 높은 수준에 있다. 데이터에서 확인한 결과는 앞서 간단한 상대 수요–공급 모형이 예측하는 바와 정확히 일치한다.

그런데 여기에서 한발 더 나아가 대졸–고졸 근로자의 상대 노동 공급이 상대 임금에 어떤 영향을 미치는지 인과적인 영향을 실증 분석하는 데 있어 직면하게 되는 문제는 상대 임금에 따라 상대 노동 공급이 영향을 받을 수 있다는 것이다. 즉, 상대 노동 공급이 상대 임금에 영향을 주지만 상대 임금에 따라 상대 노동 공급이 크기가 결정되는 부분이 있을 수 있다. 경제학에서는 이를 역인과관계(reverse causality)• 혹은 동시성(simultaneity)이라고 한다. 예를 들어, 대졸 근로자에 대한 수요 증가로 임금이 증가할 때 대졸 근로자들이 더 많은 시간 일하려고 할 수 있다. 또는 미취업 상태에 있던 대졸자들이 노동 시장에 참여해서 일을 함에 따라 노동 공급이 증가할 수 있다. 이런 문제를 해결하기 위해 교육의 수익을 추정할 때 사용하였던 자연 실험을 이용할 수 있다. 그리고 한국에는 대학 입학 정원 정책이라는 인과관계 분석을 위해 사용할 수 있는 훌륭한 자연 실험이 있다.

대학 정원 정책을 자연 실험으로 활용해서 인과

역인과관계: 설명 변수가 종속 변수에도 영향을 주지만 종속 변수 역시 설명 변수에 영향을 주는, 즉 설명 변수와 종속 변수가 서로 영향을 주고받는 관계가 있을 경우 이를 역인과관계라고 한다.

관계 추정을 하는 방법의 핵심적인 아이디어는 코호트 규모와 대학 입학 정원에 의해 영향을 받아 결정되는 대졸–고졸의 상대 노동 공급 부분과 상대 임금 부분의 관계를 분석하는 것이다. 예를 들어, 다른 요인들이 통제된 상태에서 어떤 해가 근접한 다른 해에 비해 코호트 규모와 대학 정원에 의해 예측되는 고졸자 대비 대졸자의 수가 많아서 대졸자의 상대 노동 공급이 6% 높고 상대 임금이 3% 낮다고 하자. 이 두 해에서 위와 같은 고졸 대비 대졸자의 상대 노동 공급과 상대 임금이 차이가 나는 것은 오직 두 해에 포함된 성인 근로자의 대학 입학 당시의 입학 정원이 달랐기 때문이다. 예를 들어, 1985년에 26~62세 근로자들이 대학에 입학할 당시의 입학 정원의 총합보다 1990년의 26~62세 근로자들의 입학 정원의 총합이 더 크고, 그래서 1990년의 대졸자의 상대 노동 공급이 1980년보다 더 클 것으로 예상할 수 있다. 대학 입학 정원 정책이 정책의 의도와 관계없이 상대 노동 공급이 6% 높은 해에 상대 임금이 3% 낮다는 결과를 제시하는 자연 실험적인 상황을 제공한 것이다. 이를 통해 고졸자 대비 대졸자의 상대 노동 공급이 1% 증가할 때 상대 임금은 0.5% 감소

| 그림 18 | 선형 추세를 제거한 실제 대졸-고졸 상대 노동 공급과 예측 상대 노동 공급

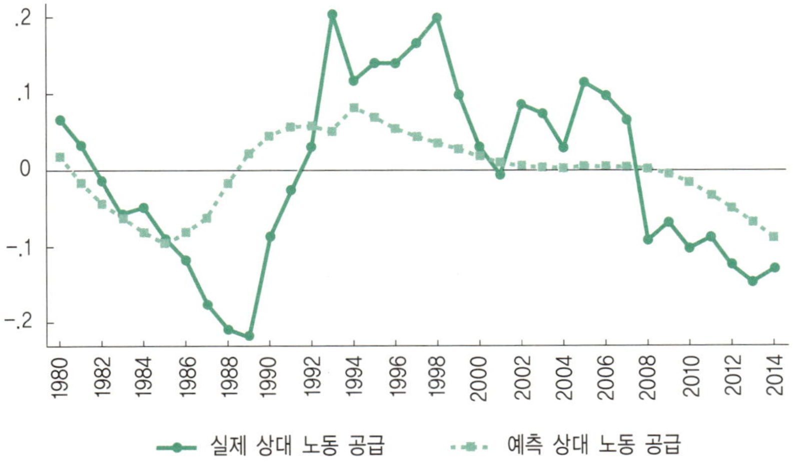

자료: Kim(2017).

한다는 결론을 얻을 수 있게 된다.

이러한 인과관계 분석의 핵심적인 전제는 학력 프리미엄에 예상치 못한 영향을 줄 수 있는 미래의 노동 수요 변화와 대학 입학 정원이 서로 상관관계를 갖지 않는다는 것이다. 앞서 살펴본 한국의 대학 정원 정책의 특성상 정원은 매우 비탄력적으로 조정되고 정원의 결정이 수년에서 수십 년 이후의 수요 충격과 체계적인 관련을 갖는다고 생각하기는 어렵기 때문에 타당한 전제라고 생각된다.

데이터를 통해 이러한 관계들이 실제로 성립하는지 살펴보자. 그림 18은 시간 추세를 통제한 상태에서 실제 대졸 근로자의 상대 노동 공급과 대학 입학 정원에 의해서 결정되는 예측 상대 노동 공급의 추이를 나타낸다. 예측 상대 노동 공급이라고 이름 붙인 이유는 이것이 실제 현실에서 실현된 노동 공급과는 달리 오직 코호트 규모와 대학 입학 정원에 의해서 예측이 되는 노동 공급을 나타내기 때문이다. 그림에서 상대 공급이 0보다 작은 경우는 상대 공급이 선형 추세에 의해 기대되는 것보다 작게 실현되는 것을 의미하고, 0보다 큰 경우는 상대 공급이 추세보다 많게 실현되는 것을 의미한다. 그림을 보면 입학 정원에 의한 예측 상대 노동 공급이 추세보다 낮게 실현될 때 실제 상대 노동 공급의 추세보다 낮게 실현되는 강한 경향성이 있음을 발견할 수 있다.

그림 19는 시간 추세를 제거한 대졸자의 상대 임금과 예측 상대 노동 공급을 나타낸다. 예측 상대 노동 공급이 추세보다 낮을 때 상대 임금이 상승하고, 예측 상대 노동 공급이 추세를 상회할 때 상대 임금이 낮아지는 강한 경향이 나타난다.

| 그림 19 | 선형 추세를 제거한 대졸-고졸 상대 임금과 예측 상대 노동 공급

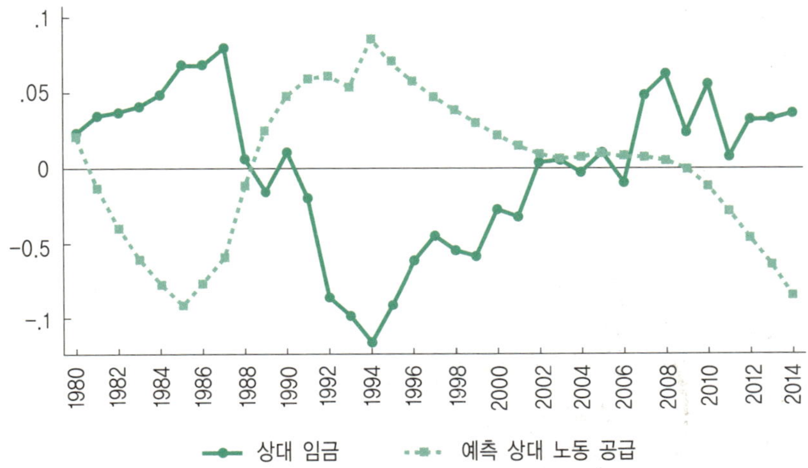

자료: Kim(2017).

코호트 규모, 과거 대학 입학 정원의 누적된 규모에 의해 결정되는 예측 상대 노동 공급이 노동 시장의 임금과 직접적인 관련을 가질 가능성은 낮다. 그러므로 예측 상대 노동 공급과 실제 상대 임금의 이러한 뚜렷한 관계는 예측 상대 노동 공급이 실제 상대 노동 공급에 대한 영향을 미치고, 이것이 다시 상대 임금에 영향을 미치기 때문에 나타난 결과로 해석하는 것이 합리적이다. 즉, 예측 상대 노동 공급이 증가할 때 실제 상대 노동 공급이 증가하고 그 결과 상대 임금이 감소하게 되는 것이다. 중요한 것은 이러한 방법을 사용하면 앞서 설명한 인과관계 추정을 방해하는 역인과관계 혹은 동시성의 문제가 해결된다는 것이다.

이러한 아이디어를 구현한 통계 분석 방법을 이용해서 관계를 분석하면 고졸 근로자 대비 대졸 근로자의 상대 노동 공급이 1% 증가할 때 상대 임금이 0.581% 감소하는 것으로 나타난다. 공급 측면에서 살펴보면, 한국 노동 시장에서 대졸 근로자 비중의 지속적인 증가는 이들의 상대 임금을 꾸준히 감소시키는 역할을 해왔다는 것을 알 수 있다. 경제학자들은 한 모형을 이용해서만 변수들 간의 관계를 추정하지 않고 여러 모형에 대한 통계적인 분석을 통해 변수들의 관계가 유지되는지 살펴보는 경향이 있다. 이를 강건성 분석•(robustness test)이라고 하는데, 이는 각 모형마다 전제로 하는 바가 다르고 어떤 전제가 참인지는 사전적으로 알 수 없기 때문에 여러 모형에 대한 추정 결과를 비교하게 된다. 만일 결과들이 모형에 따라 크게 다르지 않으면 더 강한 확신을 갖고 변수들 간의 관계에 대해 결론을 내릴 수 있게 된다. 한국 데이터에 대해 여러 모형을 통해 상대

강건성 분석: 분석 결과가 다른 모형이나 데이터를 이용하여 분석해도 유사한 결과가 나타나는지 검증하는 방법을 말한다. 민감도 분석(sensitivity)이라고도 한다.

수요 및 공급과 상대 임금의 관계를 분석한 결과 역시 모형에 대해 강건한 것으로 나타난다.

해외에서도 이러한 수요-공급 모형을 이용해서 임금 구조의 변화를 분석한 연구들이 많이 수행되어 왔다. 한국에서의 결과와 미국에서 1963년에서 2005년까지의 데이터를 이용해서 추정한 결과를 비교하면, 대졸 상대 노동 공급의 대졸 상대 임금에 대한 효과는 모형에 따라 -0.728에서 -0.403의 범위에 있어(Autor, Katz, and Kearney 2008), 한국에서의 추정치인 -0.581과 비슷한 범위 내에 있다. 다만 미국의 연구에서는 상대 노동 공급의 동시성 혹은 역인과관계 문제를 해결하고 추정하지는 않았다.

지금까지 상대 공급의 효과에 대해 살펴보았는데, 상대 임금의 다른 중요한 결정 요인은 상대 수요이다. 같은 모형에 대한 추정에서 상대 수요의 변화에 대한 추정 결과도 얻을 수 있는데, 한국의 노동 시장에서 고졸 대비 대졸자의 상대 임금을 매년 평균적으로 2.8% 증가시키는 방향으로 대졸 근로자 상대 수요의 증가가 있었다. 한국 노동 시장에서 대졸 근로자 공급의 급속하고 꾸준한 증가로 인해 1990년대 중반 이후에는 1980년대 초반에 비해 대졸 근로자의 상대 임금이 크게 감소하였다. 그러나 대졸 근로자 공급의 폭발적인 증가에도 불구하고 이들에 대한 수요 증가도 꾸준히 있었기 때문에 대졸 근로자의 상대 임금 하락도 제한적이었다.

한국에서 학생·학부모의 대학 입학에 대한 강한 동기의 경제적 뿌리는 대졸자들이 오랜 기간 누리던 높은 임금 프리미엄(높은 상대 임금)이 일정 부분 역할을 하였을 것이다. 앞서 살펴본 바와 같이, 1980년대 초반까지 대졸 근로자의 임금은 고졸 이하 근로자 임금의 2배에 육박하거나 상회하는 수준이었다. 이러한 임금 격차는 대졸자들의 대학 교육에 대한 투자 비용을 매우 빠른 시간 내에 회수할 수 있는 수준이었다. 그러나 노동 시장에서 대졸자의 수가 급격하게 늘어남에 따라 과거에 비해서 상대 임금의 수준은 크게 낮아졌다. 대학을 졸업해도 예전 같지 않고 보장되는 것이 없다는 세간의 말은 이러한 변화를 반영하는 것일 수 있다. 그러나 대졸자의 임금 프리미엄은 여전히 대학 교육에 들어간 투자 비용을 빠른 기간 내에 회수할 수 있을 정도로 높은 수준에서 유지되고 있다. 또한 대학 입학, 특히 상위권 대학에 입학하기 위한 경쟁도 여전히 유지되고 있다.

가상적 정책 실험

앞서 수행한 모형에 대한 추정 결과를 이용해서 몇 가지 흥미로운 가상적 정책 실험• 혹은 반사실적 정책 실험(counterfactual policy experiment)이라 불리는 정책 실험을 수행해 볼 수 있다. 가상적 정책 실험이란 과거에 실제로 시행되었던 정책과 다른 정책이 시행되었다면 어떤 일이 벌어졌을지를 분석하는 것을 의미한다. 여기에서는 대졸 근로자에 대한 상대 수요와 상대 공급의 중요성을 살펴보기 위해, (1) 과거에 대졸 근로자들의 상대 수요를 증가시키는 변화가 없었다면 대졸 근로자의 상대 임금이 어떻게 다르게 변화하였을지, (2) 과거에 정해졌던 대학 입학 정원과 다르게 입학 정원을 설정하였다면 고졸 근로자 대비 대졸 근로자의 상대 임금이 어떻게 다르게 변화하였을지 분석한다.

가상적 정책 실험: 모형을 추정한 결과를 이용해서 실제 벌어지지 않았던 가상의 사건이나 정책이 시행되었을 때 어떤 결과가 나타나고 실제 일어난 결과와 어떤 차이가 있는지 살펴보는 분석 방법.

우선 대졸 근로자의 상대 수요를 증가시키는 변화가 없었다면 고졸 근로자 대비 대졸 근로자의 상대 임금이 어떻게 변화하였을지 살펴본다. 그림 20은 그 결과를 보여 주는데, 그림에서 네모는 실제 데이터에 나타난 대졸 근로자의 상대 임금을 나타낸

| 그림 20 | 정책 실험 Ⅰ: 상대 수요 변화가 없었을 경우

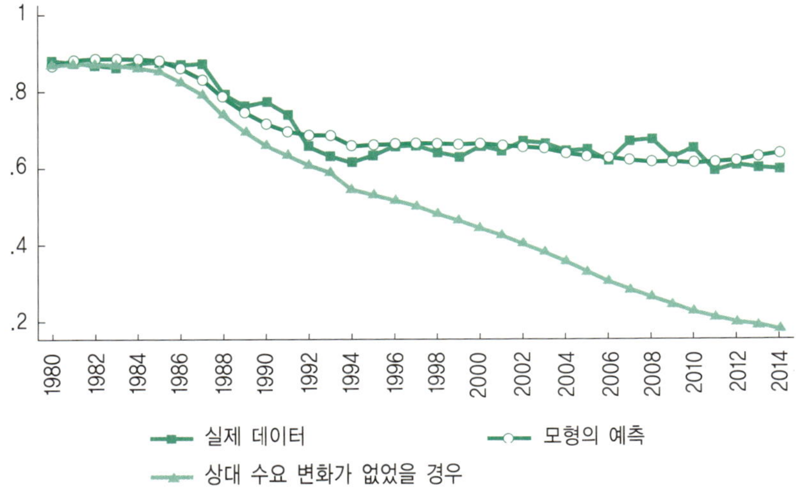

자료: Kim(2022).

다. 빈 원은 앞서의 계량 분석을 통해 얻은 추정치들을 이용해서 대졸 근로자의 상대 임금을 예측한 결과이다. 상대 임금에 대한 모형의 예측치와 실제 상대 임금의 수준 및 추이가 모두 비슷하여 모형의 적합도가 매우 높다는 것을 확인할 수 있다. 그림에서 세모는 상대 수요의 변화가 없을 때 모형이 예측하는 상대 임금으로 상대 수요의 변화를 0으로 놓고 실제 상대 공급을 모형에 대입하여 얻어진다.

그림을 보면 상대 수요의 변화가 대졸 근로자의

상대 수요를 증가시키는 방향으로 일어나지 않았다면 대졸 근로자의 상대 임금이 실제 수준보다 훨씬 낮은 수준으로 형성되고 지속적으로 낮아졌을 것으로 예측된다. 예를 들어, 2014년에 대졸 근로자의 임금은 고졸 근로자 임금의 약 1.8배였는데, 상대 수요의 변화가 없었으면 약 1.2배 수준에 불과하였을 것이다. 대학 졸업자의 비약적인 증가로 노동 시장에 대졸 근로자의 비중이 급격하게 증가하였는데, 이를 상쇄하는 상대 수요의 증가가 없었다면 상대 공급의 증가 효과만 남게 되어 대졸 근로자의 상대 임금이 지속적으로 감소하게 되는 것이다. 역으로 대졸 근로자의 공급이 지속적으로 급격하게 증가하였음에도 불구하고 1990년대 중반 이후 대졸 근로자의 상대 임금이 정체된 것은 공급의 급격한 증가에 상응하는 상대 수요의 증가가 있었기 때문인 것을 확인할 수 있다.

다음으로 대학 입학 정원을 과거 실제 결정된 대학 입학 정원과 다르게 설정하였을 때 상대 임금이 어떻게 형성되었을지 결과를 살펴본다. 그림 21에서 십자 모양의 선은 만일 1981년 이전의 시기에 대학 정원이 실제 결정되었던 수치보다 4년제 정원은

| 그림 21 | **정책 실험 II: 대학 입학 정원의 조정**

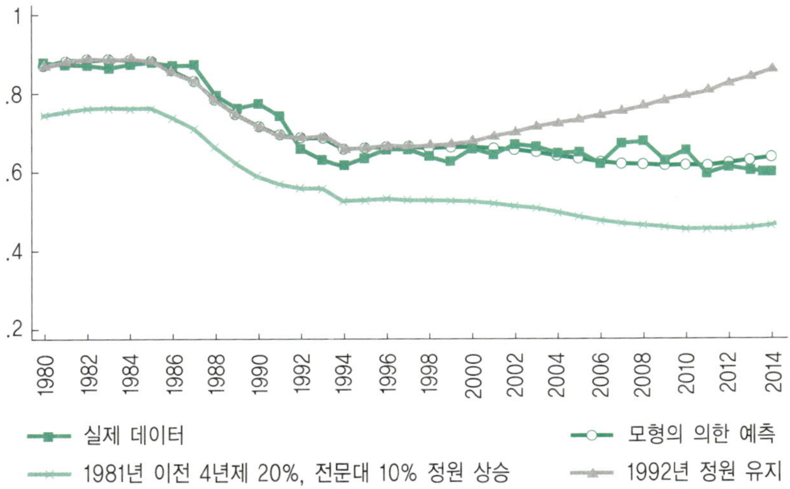

자료: Kim(2022).

20%, 전문대 정원은 10% 높았다면 나타났을 상대 임금을 보여 준다. 1981년부터 그 이후의 정원은 실제 결정되었던 정원과 같게 설정되었다. 1960년대부터 1970년대 중반까지 대학 입학 정원이 대학 수요에 비해 크게 낮게 결정된 측면이 있기 때문에 이를 반영하여 만일 1960년대부터 대학 정원이 원래 수준보다 높은 수준에서 결정되었다면 어떻게 되었을지 살펴보기 위해 이러한 분석을 수행하였다.

그림이 나타내는 바와 같이 1981년 이전의 대학

정원이 실제보다 높게 결정되었다면 대졸 근로자와 고졸 근로자의 임금 격차는 1980년 이전부터 현재에 이르기까지 실제 임금 격차보다 낮게 형성되었을 것이다. 다른 각도에서 보았을 때 만일 학생과 부모들이 대학 교육의 수익을 고려하여 대학 교육에 대한 선택을 해 왔다면, 초기에 대학 정원을 낮은 수준으로 통제해 온 것이 후에 대학 교육에 대한 수요가 폭발적으로 증가하는 중요한 원인 중 하나였다고 할 수 있다. 대학 정원이 낮게 형성되어 대졸 근로자의 노동 시장 공급이 충분하게 이루어지지 못하였고, 그로 인해 대졸 근로자의 상대 임금이 1980년대 초반까지 매우 높은 수준으로 결정되었던 것이다. 이는 다시 학생들의 대학 교육에 대한 수요를 증가시키는 역할을 하였을 것이다. 만일 1960년대부터 대학 입학 정원을 더 높은 수준에서 결정하고 증가시켜 왔다면 1980년대 초반까지의 높은 학력별 임금 격차는 완화되고, 그로 인해 대학 교육에 대한 수요가 완화되어 1970~1980년대에 수요와 공급의 불일치가 그토록 심하지는 않았을지도 모른다.

그림의 세모는 만일 1992년 이후에 대학 정원 자율화 등의 조치로 대학 입학 정원을 증원하지 않고

1992년의 정원 수준으로 유지하는 가상적 상황에서의 학력별 임금 격차의 예측치를 나타낸다. 그림은 당시 정원을 증가시키지 않고 유지하였다면 1990년대 후반부터 대졸 근로자의 공급이 실제보다 감소하여 이후 대졸 근로자의 상대 임금이 크게 상승하였을 것으로 예측된다.

대학 정원 자율화 정책은 여러 차원에서 비판받기도 하고 대졸 노동 공급을 증가시키는 최선의 방법이었는지에 의문의 여지가 있다. 결과론적인 이야기지만 학령인구 감소가 본격화되면서 대학 정원 자율화 정책 이후 늘어난 대학 입학 정원과 대학교들에 대한 구조조정이라는 어려운 숙제를 남긴 측면도 존재한다. 그러나 다른 한편에서는 1990년대 이후 대졸자에 대한 노동 수요의 증가로 학력별 임금 격차가 다시 증가하는 것을 대학 정원 자율화 정책으로 인한 대졸 노동 공급의 증가가 억제한 측면이 있었던 것으로 생각된다.

나가며

이 책은 선행 연구, 과거 문헌, 행정 자료, 미시 원시 자료 등을 이용해서 한국 대학 교육에 대한 수요와 공급의 변화를 추적하였고, 그러한 변화가 노동 시장에 미친 영향을 분석한 결과를 소개하였다. 한국의 대학 진학률은 세계에서도 유례를 찾기 어려울 만큼 빠른 속도로 증가하였고 현재에도 높은 수준을 유지하고 있다. 이러한 중대한 변화의 원인과 변화로 인한 영향을 분석하는 것의 중요성은 여러 번 강조해도 지나치지 않을 것이다.

이 책에서 특히 역점을 두고 설명한 것은 지난 60여 년 이상 유지되어 온 대학 정원 정책을 경제학적인 관점에서 이해하는 것이었다. 대학 정원 정책은 한국에서 대학에 진학하려는 학생의 수가 대학 정원보다 훨씬 많은 상황에서 실질적으로 대학 교육을 받은 사람의 수에 중대한 영향을 미친 정책이었다. 대학 정원 정책은 노동 시장에서 대학 교육을 받은 근로자의 규모를 결정하고, 그에 따라 그들의 총노동 공급에 영향을 미친다. 그리고 그것은 다시 노동 시장에서 그들의 임금에 영향을 미치며, 그 임금 수준은 미래 세대의 대학 교육 선택 및 수요에 영향을 미치게 된다. 이 책에서는 이와 같은 중요 교육 및 경제지표들의 상호 작용을 개략적으로나마 이해하고자 노력하였다.

다른 측면에서 이 연구는 대학 정원 정책이 최근 경제학의 실증 분석에서 그 중요성을 더해 가고 있는 자연 실험적인 상황을 이용해서 인과관계를 추정하는 연구에 활용될 수 있음을 보였다. 대학 정원 정책은 대학 교육의 공급에 외생적인 변이를 야기하는 제도로서 대학 교육의 인과적인 효과를 추정하는 데 널리 활용될 수 있다.

이 책에서는 또한 대학 교육이 금전적 그리고 비금전적인 측면에서 수익성이 있는 투자인지 여부에 대해 살펴보고자 하였다. 특히 경제학 실증 연구의 핵심 분석 방법인 인과관계 분석을 위한 방법을 이용해서 대학 교육의 효과를 추정하였다. 코호트 규모 대비 대학 정원의 비율이 높은 코호트에서 대학 입학이 수월하고 더 많은 비율의 학생들이 대학에 진학할 수 있다. 대학 정원 그 자체는 각 코호트에 속한 사람들의 임금에 직접적인 영향을 미치지 않을 것이기 때문에, 대학 정원의 비율이 높은 코호트에서 낮은 코호트보다 임금 수준이 높다면 이는 대학 정원의 비율이 높은 코호트에서 대학 교육을 더 많이 받았기 때문으로 해석할 수 있다. 이러한 방법을 이용해서 분석한 결과 대학 교육의 프리미엄은 50%를 상회하는 것으로 대학 교육으로 인한 금전적인 수익은 상당히 큰 것으로 나타났다. 대학 교육은 금전적인 수익 이외에도 여러 부가적인 혜택을 제공하는 질 좋은 일자리에서 일할 확률을 높여 주고, 직업 만족도, 삶의 만족도, 주관적 건강에도 긍정적인 영향을 미친다.

대학 교육에 대한 회의적인 시각도 많지만 대학 교육은 사람들의 노동 시장 성과와 후생을 크게 개선시켜 온 것으로 판단된다. 특히 이 연구의 추정 결과가 대학 정원의 증가로 대학에 들어올 수 있었던 학생들이 대학 교육을 통해 얻는 수익을 의미하기 때문에, 대학 교육을 소수의 뛰어난 능력의 학생들에게 제한하는 것이 아닌 더 많은 학생들에게 대학 교육의 기회를 제공한 것이 타당하였다는 것을 시사한다. 소수의 엘리트에게만 고등교육을 이수할 기회를 주는 것보다 학업을 수행할 의지가 있는 학생에게 질 높은 고등교육의 기회를 제공하는 것이 더 많은 사람들에게 경제적·비경제적인 측면에서 삶의 질을 개선하고 계층 이동을 할 수 있는 기회를 주는 것이다.

다음으로 1980년부터 최근까지 대졸 근로자와 고졸 근로자의 임금 격차의 변화를 살펴보고, 그 변화의 원인을 수요-공급 모형을 통해 분석하였다. 국내외의 선행 연구들과는 다르게 한국의 대학 정원 정책을 이용해서 고졸 근로자 대비 대졸 근로자의 상대 노동 공급이 대졸 근로자의 상대 임금에 미치는 인과적인 영향을 추정하였다. 대학 정원 정책과 코호트 규모는 매해 대졸 근로자와 고졸 근로자의 수를 예측하기 때문에 대학 정원과 코호트 규모가 야기하는 대졸 상대 노동 공급의 변이를 이용해서 인과 효과를 추정한다. 분석 결과 1980년부터 1990년대 초까지는 대졸 노동 공급의 가파른 증가가 대졸 근로자에 대한 상대 수요의 증가보다 더 커서 대졸 근로자의 상대 임금이 가파르게 감소하였다. 1990년 중반부터 최근까지는 상대 수요의 증가와 상대 공급의 증가로 인한 효과가 서로 맞물려 대졸 근로자의 상대 임금이 큰 변화 없이 안정적으로 유지되고 있다.

정책 실험 결과 역시 상대 수요의 변화와 상대 공급의 변화 모두 지난 40여 년간 학력별 임금 격차의 변화를 설명하는 데 매우 중요한 요인이었다는 것을 시사한다. 특히 1960~1970년대 대학 정원이 강하게 통제되기보다 경제 성장과 산업 구조의 변화에 맞게 확대되었다면 대졸-고졸 임금 격차는 우리가 관찰하였던 것보다 더 낮은 수준을 유지하며 변화해 왔을 것으로 예상되며, 그로 인해 대학 지원자의 수가 대학 정원을 크게 상회하는 대학 교육에 대한 초과 수요도 실제보다 더 낮았을 것으로 예상된다.

분석 결과를 토대로 한국의 고등교육 정책을 반추해 보면, 특히 한국의 대표적인 고등교육 정책인 대학 정원 정책은 경직성·장기적 전망에 대한 부재 그리고 정원 결정 기준이 부재하였던 측면이 있었던 것으로 생각된다. 박정희 정부의 강력한 정원 규제는 이전 시기의 혼란스러운 대학 운영, 대졸자들의 급격한 증가 등에 대응한 측면이 있었지만, 경제

성장, 초·중등 교육의 확대, 사람들의 생활 수준 향상, 산업 구조의 고도화 등으로 사람들의 대학 교육에 대한 수요가 폭발적으로 증가하고 노동 시장에서도 고학력 근로자들에 대한 수요가 크게 증가할 것이라는 사실을 예상하지 못하였다. 이것은 뒤이은 정부에서도 마찬가지였다. 장기적 전망하에서 대학 교육에 대한 공급을 수요에 대응하여 꾸준히 연속적으로 늘려 가기보다는, 대학 진학 희망자가 대학 정원을 넘어서는 대학 교육에 대한 초과 수요가 더 이상 용인하기 힘든 수준에 이를 때 큰 폭의 정원 조정을 하는 경향이 있었다. 이때 발생한 부작용은 다시 사람들로 하여금 정원 증원에 회의적인 시각을 갖게 하였고, 다시 정원은 사회경제적인 수요에 부응하지 못하고 정체하였다.

대졸자들은 더 좋은 직장을 찾기 위한 탐색에 많은 시간을 사용하는 경향이 있다. 또한 그들에게는 더 다양한 직업을 고려하고 선택할 수 있는 기회가 주어진다. 그래서 단기적으로 살펴보면 대졸자들의 취업률이 낮게 측정되기도 하고 대학 교육이 원하는 결과를 만들어 내지 못하는 것처럼 보이지만, 중장기적으로 보면 대학 교육을 받은 사람은 그렇지 못한 사람들에 비해 더 나은 성과들을 얻어 왔다. 이것은 데이터가 보여 주는 사실이다. 대졸자들은 20대 중반에 대학을 졸업한 이후 노동 시장에서 35년 혹은 그 이상 일을 할 것이기 때문에 1960년대의 대학 정책은 1960년대 당시의 사회와 경제만이 아닌 1970~1990년대와 그 이후에 펼쳐질 사회와 경제를 바라보고 설계되고 시행되어야 하였던 것이다. 물론 2020년대 현재에서 과거의 사실들을 검토한 상황에서 이러한 평가를 하는 것은 가혹하고 정당하지 않은 측면이 있지만, 과연 오늘날의 대학 정책은 미래를 충분히 바라보고 결정되고 있는지를 생각해 보면 반성할 지점이 없지 않을 것이다. 특히 졸업 시점의 취업률 등 단기적인 지표들을 통해 여전히 대학을 평가하고 있는 것을 보면, 과연 우리 사회가 대학을 바라보는 시각이 충분히 종합적이며 장기적인지 성찰적인 반성이 필요한 것으로 생각된다.

대학에 진학하려는 학생들이 대학 정원을 훨씬 넘어서는 초과 수요를 항상 누려 왔던 한국의 대학은 학령인구의 급격한 감소로 이제 입학 정원이 학생 수를 초과하는 위기를 처음 겪게 되었다. 구체적인 대응 방법은 학생 수의 변화와 고등교육 시장의 특성 및 상황에 대한 면밀한 분석 후에 도출해야겠지만, 과거의 경험을 통해 잊지 말아야 하는 것은 본질적으로 대학 교육은 학생들의 인적자본 향상을 통한 노동 시장 성과 제고, 노동 시장 수요에 대한 단기·중기·장기적인 고려가 필수적으로 수반되어야 한다는 것이다. 또한 대학에 대한 지나친 규제와 고등교육 시장을 위축시키는 과도한 개입으로 대학들을 생존을 위해 많은 역량을 소진하게 하고 생산적·창의적인 인재를 배출할 수 있는 교육 및 연구기관으로의 발전을 억제하고 있는 것은 아닌지 냉정한 검토가 필요하다. 대학 역시 시대적인 변화와 사회적인 수요에 맞게 쇄신과 혁신을 해 나가야 할 것이다.

참고문헌

강무섭(1986), 『고등교육 정원정책 연구(RR86-18)』, [KEDI] 연구보고서, 1~199.

김종철(1989), 『한국교육정책연구』, 교육과학사.

박세일(1983), 「고등교육확대가 노동 시장에 미치는 영향(II)」, 『한국개발연구』 5(1), 26~52.

윤정일 · 송기창 · 조동섭 · 김병주(1996), 『한국 교육 정책의 탐구』, 교육과학사.

이철희 · 권정현 · 김태훈(2019), 『인구변화가 노동 시장 · 교육 · 의료에 미치는 영향: 전망과 대응방안』, 저출산고령사회위원회 정책보고서.

______(2023 출간 예정), 『2021년 장래인구추계를 반영한 인구변화의 노동 · 교육 · 의료부문 파급효과 전망』, 저출산고령사회위원회 정책보고서.

최강식 · 이보경(2017), 「대학정원정책을 중심으로 본 한국의 대학구조개혁정책의 변화와 쟁점」, 『교양교육연구』 11(1), 313~363.

Acemoglu, D.(2002), "Technical Change, Inequality, and the Labor Market," *Journal of Economic Literature*, 40(1), 7~72.

______(2012), "What does Human Capital Do? A Review of Goldin and Katz's The Race between Education and Technology," *Journal of Economic Literature*, 50(2), 426~463.

Acemoglu, D. and D. Autor(2011), "Skills, Tasks and Technologies: Implications for Employment and Earnings," in *Handbook of Labor Economics*, Vol. 4, Elsevier, 1043~1171.

Angrist, Jushua D. and Alan B. Krueger(1999), "Empirical Strategies in Labor Economics," in *Handboolc of Labor Economics*, Volume 3A, ed. by Orley Ashenfelter and David Card, Amsterdam and New York: North Holland,

1277~1366.

Angrist, J. D. and J. S. Pischke(2009), *Mostly Harmless Econometrics: An Empiricist's Companion*, Princeton University Press.

______(2010), "The Credibility Revolution in Empirical Economics: How better Research Design is Taking the Con Out of Econometrics," *Journal of Economic Perspectives*, 24(2), 3~30.

Autor, D. H., L. F. Katz, and A. B. Krueger(1998), "Computing Inequality: have Computers Changed the Labor Market?," *The Quarterly Journal of Economics*, 113(4), 1169~1213.

Autor, D. H., L. F. Katz, and M. S. Kearney(2008), "Trends in US Wage Inequality: Revising the Revisionists," *The Review of Economics and Statistics*, 90(2), 300~323.

Bae, Y. and T. Kim(2022), "The Labor Market Impacts of Graduating from University during a Recession: Evidence and Mechanisms," *Empirical Economics*, 1~28.

Becker, G. S.(2009), *Human Capital: A Theoretical and Empirical Analysis, with Special Reference to Education*, University of Chicago Press.

Brunello, G., M. Fort, N. Schneeweis, and R. Winter-Ebmer(2016), "The Causal Effect of Education on Health: What is the Role of Health Behaviors?," *Health Economics*, 25(3), 314~336.

Cameron, S. V. and C. Taber(2004), "Estimation of Educational Borrowing Constraints Using Returns to Schooling," *Journal of Political Economy*, 112(1), 132~182.

Card, D.(1995), "Using Geographic Variation in College Proximity to Estimate the Return to Schooling," in *Aspects of Labour Market Behaviour: Essays in Honour of John Vanderkamp*, ed. by Louis N. Christofides, E. Kenneth Grant, and Robert Swidinsky, Toronto: University of Toronto Press, 201~222.

______(1999), "The Causal Effect of Education on Earnings," *Handbook of Labor Economics*, 3, 1801~1863.

______(2001), "Estimating the Return to Schooling: Progress on Some Persistent Econometric Problems," *Econometrica*, 69(5), 1127~1160.

Card, D. and T. Lemieux(2001), "Can Falling Supply Explain the Rising Return to College for Younger Men? A Cohort-based Analysis," *The Quarterly Journal of Economics*, 116(2), 705~746.

Checchi, D.(2006), *The Economics of Education: Human Capital, Family Background and Inequality*, Cambridge University Press.

Ciccone, A. and G. Peri(2005), "Long-run Substitutability between More and Less Educated Workers: Evidence from US States, 1950-1990," *Review of Economics and Statistics*, 87(4), 652~663.

Currie, J. and E. Moretti(2003), "Mother's Education and the Intergenerational Transmission of Human Capital: Evidence from College Openings," *The Quarterly Journal of Economics*, 118(4), 1495~1532.

De Walque, D.(2007), "Does Education Affect Smoking Behaviors?: Evidence Using the Vietnam Draft as an Instrument for College Education," *Journal of Health Economics*, 26(5), 877~895.

Dee, T. S.(2004), "Are There Civic Returns to Education?," *Journal of Public Economics*, 88(9-10), 1697~1720.

DeLong, J. B., C. Goldin, L. F. Katz, H. Aaron, J. Lindsay, and P. Nivola(2003), *Sustaining US economic growth*, Agenda for the Nation.

Dustmann, C., J. Ludsteck, and U. Schonberg(2009), "Revisiting the German Wage Structure," *The Quarterly Journal of Economics*, 124(2), 843~881.

Goldin, C. and L. F. Katz(2010), *The Race between Education and Technology*, Harvard University Press.

______(2020), "Extending the Race between Education and Technology," in *AEA Papers and Proceedings*, Vol. 110, 347~351.

Griliches, Z.(1969), "Capital-skill Complementarity," *The Review of Economics and Statistics*, 465~468.

______(1977), "Estimating the Returns to Schooling: Some Econometric Problems," *Econometrica: Journal of the Econometric Society*, 1~22.

Heckman, J. J., L. Lochner, and C. Taber(1998), "Explaining Rising Wage Inequality:

Explorations with a Dynamic General Equilibrium Model of Labor Earnings with Heterogeneous Agents," *Review of Economic Dynamics*, 1(1), 1~58.

Heckman, Jame J., Lance J. Lochner and Petra E. Todd(2006), "Earnings Functions, Rates of Return and Treatment Effects: The Mincer Equation and Beyond," *Handbook of the Economics of Education*, Vol. 1, 307~458.

Hoekstra, M.(2009), "The Effect of Attending the Flagship State University on Earnings: A Discontinuity-based Approach," *The Review of Economics and Statistics*, 91(4), 717~724.

Hout, M.(2012), "Social and Economic Returns to College Education in the United States," *Annual Review of Sociology*, 38(1), 379~400.

Imbens, G. W. and J. D. Angrist(1994), "Identification and Estimation of Local Average Treatment Effects," *Econometrica*, 62(2), 467~475.

Katz, L. F. and D. H. Autor(1999), "Changes in the Wage Structure and Earnings Inequality," in *Handbook of Labor Economics*, Vol. 3, Elsevier, 1463~1555.

Katz, L. F. and K. M. Murphy(1992), "Changes in Relative Wages, 1963-1987: Supply and Demand Factors," *The Quarterly Journal of Economics*, 107(1), 35~78.

Kim, T.(2017), "Three Essays in Labor Economics," Doctoral Dissertation, Ph.D. thesis, University of Wisconsin-Madison.

______(2019), "What Happens to the Wage Structure When Nearly Everyone Has a College Degree? The Case of South Korea," Unpublished paper.

______(2021), "Estimating Pecuniary and Non-pecuniary Returns to College Education for Academically Marginal Students: Evidence from the College Enrollment Quota Policy in South Korea," *Economics of Education Review*, 83, 102~142.

______(2022), "College Education Expansion and Wage Structure," Unpublished paper.

Krusell, P., L. E. Ohanian, J. V. Rio-Rull, and G. L. Violante(2000), "Capital-skill Complementarity and Inequality: A Macroeconomic Analysis," *Econometrica*, 68(5), 1029~1053.

Lang, K.(1993), "Ability Bias, Discount Rate Bias and the Return to Education,"

Unpublished discussion paper(Department of Economics, Boston University).

Lee, Jeong-Kyu(2001), "The National Policy of College/University Students Enrollment Quotas in South Korea: Vision and Action," *Asian Journal of Education*, 2(2), 21~40.

Lleras-Muney, A.(2005), "The Relationship between Education and Adult Mortality in the United States," *The Review of Economic Studies*, 72(1), 189~221.

Lochner, L.(2011), "Nonproduction Benefits of Education: Crime, Health, and Good Citizenship," *Handbook of the Economics of Education*, 4, 183.

Lovenheim, M. F. and J. Smith(2022), "Returns to Different Postsecondary Investments: Institution Type, Academic Programs, and Credentials," No. w29933, National Bureau of Economic Research.

Meghir, C. and S. Rivkin(2011), "Econometric Methods for Research in Education," *Handbook of the Economics of Education*, 3, 1~87.

OECD(2022), "Population with Tertiary Education(indicator)," doi: 10.1787/0b8f90e9-en(Accessed on 28 August 2022).

Oreopoulos, P. and K. G. Salvanes(2011), "Priceless: The Nonpecuniary Benefits of Schooling," *Journal of Economic Perspectives*, 25(1), 159~184.

Ost, B., W. Pan, and D. Webber(2018), "The Returns to College Persistence for Marginal Students: Regression Discontinuity Evidence from University Dismissal Policies," *Journal of Labor Economics*, 36(3), 779~805.

Tinbergen, J.(1974), *Substitution of Graduate by Other Labour*, Kyklos: International Review for Social Sciences.

Zimmerman, S. D.(2014), "The Returns to College Admission for Academically Marginal Students," *Journal of Labor Economics*, 32(4), 711~754.

찾아보기

[ㅈ]

[ㅊ]

[ㅌ]

[ㅎ]